LUMINAIRE

光启

守望思想　逐光启航

LOVE

关于爱的

A History

五种幻想

In Five

［美］芭芭拉·H. 罗森宛恩 著

刘雅琼 译

Fantasies

LUMINAIRE BOOKS
光启书局

上海人民出版社

本中译版为2024年北京市属高校教师发展基地
研修项目成果

总 序

王晴佳

上海人民出版社·光启书局建立情感史书系，其宗旨是引荐当代世界高质量的相关论著，为读者提供选题新颖、内容扎实、译文流畅的作品，以助国内学术界、史学界推动和扩展情感史这一新兴的历史研究流派。本书系的计划是在今后的数年中，每年精心挑选和出版数种相关著作，以飨对情感史这一研究领域兴趣日益高涨的读者。

对于大多数读者来说，情感史还是一个比较陌生的领域。事实也的确如此。中国学术界首次接触"情感史"这一名称，与2015年国际历史科学大会在中国济南的召开大有关系。素有"史学界的奥林匹克"之称的国际历史科学大会，每五年才举行一次；2015年是该组织首次在欧美之外的地区集会。该次大会的四大主题发言中，包含了"情感的历史化"这一主题，十多位学者齐聚一堂，发言持续了整整一天。这是情感史在中国史学界的首次亮相，而情感史能列为该大会的四大主题之一，也标志这一新兴的研究流派已经登堂入室，成为当今国际史坛最热门和重要的潮流之一。

值得重视的是，自2015年至今天，虽然只有短短六年，但情感史的研究方兴未艾，论著层出不穷，大有席卷整个史坛之势。这一蓬勃发展的趋势似乎完全印证了美国情感史先驱芭芭拉·罗森宛恩（Barbara Rosenwein）在2010年所做出的预测："情感史的问题和方法将属于整个历史学。"德国情感史研究的新秀罗伯·巴迪斯（Rob Boddice）在其2018年的新著《情感史》一书的起始，也对该流派在今天的兴盛发达发出了由衷的感叹："在过去的十年中，情感史的论著出版和研究中心的成立，其增长数字是极其惊人的（astonishing）。"那么，情感史研究的吸引力在哪里？它在理论和方法上有什么特征？情感史与历史学的未来走向又形成了什么样的关系？我不揣浅陋，在此对上述问题做一个简单的梳理，[1]也借此说明一下在光启书局编辑出版这一书系的意图和意义。

当代世界历史学发展的走向，大体呈现了一个多元化的趋势，并没有一个流派能占据压倒一切的地位。于是一个新兴史学流派的勃兴，往往需要兼顾其他相关的研究兴趣，同时又要与历史学这一学科关注的主体对象相连。情感史这一流派的兴起和发展明显带有上述特征。以前者而言，情感史与其他新兴的学派，如妇女性别史、家庭史、身体史、医疗史以及之前流行的新文化史和社会史都有密切的关联。而就情感史的研究与历史研究的主体对象的关系而言，或许我们可以参考一下《全球化时代的历史书写》一书。此书作者是当代著名史家林恩·亨特（Lynn Hunt），以提倡新文化史而闻名遐迩。她在2014年写作此书的时候，指出历史学的未来走向，将就"自我与社会"（self and society）的关系展开进一步的探究。这一观察，似

1　此篇导言，基于笔者在2020年9月7日《光明日报》理论版发表的《情感史的兴盛及其特征》一文。

乎卑之无甚高论，因为自古以来，历史书写便以人的活动为对象，而人的活动之开展，又必然以社会环境和自然环境为舞台。其实不然。亨特认为历史学的未来将是："自我领域与社会领域会相得益彰，同时向外扩张。"她的言下之意其实是，自20世纪以来，历史研究在扩张社会领域的方面，从社会的结构来分析人之活动如何受其制约和影响，已经获得了相当显著的进步，而现在的需要是如何深入扩张自我的领域。当今情感史的兴盛及其巨大的吸引力，正是因为其研究朝着这一方向，做出了深入全面的探索和耳目一新的贡献。

自古以来的历史书写，的确以人为主体，只是最近才有不同的尝试（如动物史、"大历史"、"后人类史学"等）。但若借用约翰·托什（John Tosh）形容男性史研究的话来说，那就是人虽然在历史著述中"随处可见"，其实却往往"视而不见"（everywhere but nowhere）。这里的"视而不见"，指的是一般的史家虽然注重描述人的活动，但对人的自身，也即亨特所谓的"自我"，没有进行深入的探求。更具体一点说，人从事、创造一些活动，由什么因素推动？是出于理性的考量还是情感的驱动？由于弗洛伊德精神分析学的影响，20世纪70年代曾流行心理史，在这一方面有所探究，而心理史也与当今流行的情感史有着相对密切的联系，但同时情感史又对此做出了明显的推进。心理史虽然注重人的心理活动及其成因，但其实对后者没有更为深入的考察。而情感史的研究则指出，人之从事活动，既为心理学所重视，也与生理学相关，也即人的自我，由大脑和身体两方面构成。而且这两方面，并不是分离独立的，而是密切相连的。举例而言，我们看待史家治史，以往注重的是评价他（她）写出和发表的著作，也即注重其研究的结果，而不是其从事研究的**起因和过**

程。即使我们研究、解释其从事研究的缘由，也往往只简单指出其对学术的兴趣和热诚或者学术界的外部要求和压力等，停留在常识、表面的层面。但问题是，如果学者从事研究出自其兴趣和热诚，那么这一因素是如何形成的呢？而在研究、写作的过程中，他（她）又经历了什么心理和情感的起伏波动？这些都是情感史关注的方面。这些方面与当今学术史、思想史研究的新动向，关系紧密。譬如说自21世纪以来，史学界出现了一个"情感的转向"，那么在情感史及思想史等领域的研究中，也出现了一个称之为"施为的转向"（performative turn）。这里的"performative"是动词"perform"的形容词，而"perform"一般理解为"表演""做"或"执行"等行为。所谓"施为的转向"，便是要强调在哲学层面打破主、客观界限和形而上学传统思维的意图，因为"表演""执行"和"施为"等行动，既有行动者本人又有其行动的对象（例如表演时的观众和听众；作者、史家著书立说所面对的读者等），所以这些行动将主体与客体结合起来，两者之间无法分开、割裂。

换言之，情感史研究在近年十分流行，与史学界和整个学术界的新动向有着紧密的关联，产生了密切的互动。近代以来的西方哲学思潮，基于一个二元论的形而上学前提，譬如主观与客观、人类与自然、心灵与事物、大脑与身体、理性与感性之间的区别与对立，而战后的学术思潮，便以逐渐突破这一思维传统为主要发展趋势。福柯对疯癫的研究，尝试挑战理性和非理性之间理所当然的界限，由此启发了身体史、感觉史、医疗史的研究。情感史的开展既与性别史、身体史、医疗史相连，同时又在这方面做出了不同的贡献。如同上述，情感史同时注重身体和大脑两方面，因为情感的生成和波动，牵涉两者。比如一个人脸红，可以是由于羞涩，也可以是由于紧张或愤怒。情感是身体反应的一种表现，但这种表现同时又与大脑活动相连，两者之间无法区别处理，而是互为因果。同样，一个人微笑——嘴角两端上翘——这一身体的动作，也包含多重层面。微笑可以表达一种愉悦的心情，但又无法一概而论，因为有的人由于尴尬，或者心里不安甚至不悦，也会微笑对待，当然这里的"笑"是否还能称作"微笑"，便有待别论了。事实上，情感表达与语言之间的关系，一直是情感史研究中的一个重点。

上面的两个例子既能说明情感史研究的理论基点，同时也有助于显示其兴盛的多种原因，因为如果要研究人的脸红或微笑，可以采用多种方法和不同的视角。情感史研究的兴起，本身是跨学科交流的一个结果。比如神经医学的研究进展，便部分地刺激了情感史的研究；神经医学家会主要考察脸红和微笑与脑部活动之间的关系。受其影响，一些科学家希望能通过考察人的脸部表情来精确测出人的心理活动（如测谎仪的制作和使用），但社会学家和历史学家则往往持相反的意见，认为人的身体活动表征，虽然有先天（nature）的一面，但更多是习得（nurture）的经验，至少是双方（生理学、神经学VS.人类学、历史学、社会学）之间互动的产物。这个认识既挑战了近代的二元论思维，也成为当代情感史领域从业者的一个共识。

情感史研究近年能获得长足的进步，与上述这一共识的建立有关。而情感史研究的路径和方法，又主要具有下列特征：首先，如果承认身体活动同时具有生理和社会的属性，那么学者可以就此提出许多问题作为研究的起点，如：两者之间何者更为重要？是否相互影响？是否因人而异，也即是否有人类的共性还是各个文化之间会产生明显的差异？其次，通过身体动作所表现的情感，与外部环境抑或人所处的社会形成怎样的关系？比如一个人愤怒，是否可以随意发泄还是需要受到社会公德的制约，表达的时候有无性别的差异，是否会随着时间的推移而有所变化，从而展现出情感的历史性？再次，情感与语言之间也形成了多重关系：一个人情感的波动是否由语言引起，而波动之后是否选择使用某种词语来表达，然后这些语言表述有无文化之间的差异？历史研究以过去为对象，所以情感的研究，通常需要使用语言文字记述的材料，因此如何（重新）阅读、理解史料，发现、解读相关情感的内容，也就十分必要了。最后，情感史研究又常常需要走出文字材料的束缚，因为人的情感起伏，也会由于看到一座建筑物、一处风景及一个特别的场景而起，此时无声胜有声，语言文字不但无力表达，甚至显得多余。总之，情感史在近年的兴盛，综合了当代史学发展的特征，在理论上与整个思想界的发展走向相吻合，在方法上则充分展现了跨学科的学术趋向，不但与社会科学交流互动，亦常常借助和修正了自然科学的研究成果。情感史的兴盛展现了当代历史学的一个发展前景，而其新颖多元的研究手段，也对培养和训练未来的历史从业者，提出了崭新的要求。本书系的设立，希望能为中国史学界及所有对历史有兴趣的广大读者，提供一份新鲜而独特的精神食粮。同时，我们也衷心希望得到读者的积极反馈和宝贵建议，以便更好地为诸位服务！

2021年4月8日于美国费城东南郊霁光阁

目　录

插图目录

引 言

　　我并不总是想写一本关于爱的书。可能我应当有这样的想法, 因为我成长于一个虔诚的弗洛伊德主义者的家庭, 弗洛伊德(Sigmund Freud)对爱欲(Eros)[1]有很多论述。但是, 因为受到了非常卓越的大学教授莱斯特·利特尔(Lester Little)的神奇影响, 我决定成为一名研究中世纪的历史学者。考虑到我的成长经历, 这是一个十分特别的决定。我试图用当时家里经常使用的表述向父母解释: 历史不过是生活在当时当地的人们无意识幻想的"显性内容"。换言之, 历史是被报告的梦境, 其背后才是**真实的**故事。这是我即将探寻的内容。我很认真。当时我最喜欢的书籍是弗洛伊德的《梦的解析》(*Interpretation of Dreams*)。

　　但是, 我很快发现对于一个只有十九岁, 并且不懂任何拉丁文的人来说, 这个计划是多么愚蠢。接下来的几十年里, 我一直在研究语言、阅读资料、深入研究历史——是的, 显性的内容——尤其是

1　Eros是希腊神话中的原始神之一, 是一切爱欲和性欲化身。在本文中根据语境翻译成"厄洛斯"或"爱欲"。——译者注

中世纪的历史和中世纪修道院的历史。但我仍然渴望了解事实的背后是什么——为什么中世纪早期最负盛名的克吕尼修会的修道士们（the Cluniacs）大部分时间都在教堂里吟唱诗篇？是什么促使社会各阶层虔诚的平信徒向这个修道院提供土地？教皇宣布在克吕尼（Cluny）的地产周围有一个神圣而不可侵犯的圈子，这背后是怎样的空间和暴力的概念？我借鉴了人类学、社会学和民族志，逐渐将弗洛伊德抛诸脑后——尽管我从未将其完全抛开。

我对爱本不感兴趣，至少没有把它当作一个研究的主题。当然，在孩提时期，我也思考过这个问题。我有最好的女性朋友，我有短暂的心动时刻，我有一些非常糟糕的男朋友，他们带给我巨大的痛苦，还有一些非常好的男朋友，他们带给我巨大的快乐——直到曲终人散。不过，我很早就在大学里遇到了我的丈夫汤姆。毕业后我们就结婚了，还育有一对双胞胎，弗兰克和杰西卡。无暇计划，我也重复了我们这一代人的口号："制造爱情，而不是制造战争"，只是当时我并没有意识到，爱情甚至比战争更加复杂。

后来，我的关注点发生了变化，逐渐对情感的历史产生兴趣。这始于1995年，当时中世纪学者沙伦·法默（Sharon Farmer）邀请我在美国历史协会的一次会议主持关于"愤怒的社会结构"的小组讨论。听完论文以及随后的讨论，我突然意识到，情感史可能是进入"显性内容"背后尚未开发的材料的一个路径。

当然，这个领域很欢迎新的研究。当时情感史的主要范式是社会学家诺伯特·埃利亚斯（Norbert Elias）的文明的进程，他认为中世纪是冲动、暴力、社会化不足的幼稚时代，直到近代早期绝对主义国家开始崛起，并且强调控制冲动、克制情感，这一时代才结束。我知道他对中世纪的看法有失偏颇，甚至怀疑他对后来的时代的看法也失之偏颇，但我不确定如何找到自己的方法。因此，我阅读了历史资料、情感理论和新近产生的情感史范式。令我震惊的是，中世纪和中世纪之后不同群体所践行的情感规范和价值丰富至极。最终，我找到了一种思考各种群体的方法。我称它们为"情感共同体"，即生活在同一时期，相当于社会共同体的群体；在群体之中，人们对特定的情感、目标和情感表达规范具有相同或相似的评价。这些共同体有时相互重叠、彼此借鉴，它们可能会（一般来说确实会）随着时间的推移而变化。即便如此，它们的共同点足以使研究者将它们作为一个连贯的群体来研究。

那时，我对爱仍然没有特别的兴趣，只是注意到每个情感共同体如何处理它：它们爱什么或爱谁、它们对爱的重视、它们表达爱的方式。但是，这些问题与我对所有情感提出的问题是一样的：在任何特定的情感共同体中，情感是如何被表达、赞美和贬低的。我想关注的，首先是在一个特定的时间片段中共存的情感共同体，并研究在随后的时代中，新的情感共同体如何出现，其他情感共同体又如何消退。

因此，我对个人情感没有太多兴趣，尽管我确实编辑了一本关于中世纪的愤怒的文集——这是美国历史协会的会议小组讨论的一项成果。[1] 我确实看到了这一研究的必要性，也确实产生了兴趣。恰在我写中世纪早期情感共同体时，乔安娜·伯克（Joanna Bourke）出版了一本关于恐惧史的书，达林·M.麦克马洪（Darrin M.

---

1 Barbara H. Rosenwein, ed., *Anger's Past: The Social Uses of an Emotion in the Middle Ages* (Ithaca, NY, 1998).

McMahon）出版了关于幸福的书。[1] 但是，这些研究者对情感共同体不感兴趣。伯克研究现代史和我们（主要是英语国家）的文化中对"恐惧"的使用与滥用；麦克马洪研究西方关于"幸福"的理念，但不是西方关于"幸福"的情感。

后来我找到了方法。首先，我需要扩大视野，在写作中涵盖较长的时间跨度。我在一本关于 600 年至 1700 年的情感共同体的书中做到了这一点。[2] 只有这样，我才能写一本讨论较长时间范围内某一种情感历史的书。我曾经选择将愤怒作为主题，因为它既是一种美德，又是一种缺点，因此对我来说，愤怒比快乐更加有趣。我按照对愤怒的不同态度来架构这本书：有些情感共同体憎恶愤怒；有些情感共同体认为它是一种缺点，但在某些方面，它也是一种美德；还有一些情感共同体认为愤怒是"自然的"，因此从根本上说它并不是一个道德问题；最后，也是在最近，有些情感共同体赞美愤怒及其赋予能量、激发暴力的可能性。[3]

直到这时，我才转向研究爱。爱是一种几乎没有人达成共识的情感。我发现它甚至比愤怒更为艰深、更为矛盾。这些相互矛盾的真理、神话、文化、模因（memes）和谚语即是佐证：

- 爱是善的。
- 爱是痛苦的。
- 爱如雷电，一击即中。

---

1 Joanna Bourke, *Fear: A Cultural History* (Emeryville, CA, 2005); Darrin M. McMahon, *Happiness: A History* (New York, 2006); Barbara H. Rosenwein, *Emotional Communities in the Early Middle Ages* (Ithaca, NY, 2006).

2 Barbara H. Rosenwein, *Generations of Feeling: A History of Emotions, 600–1700* (Cambridge, 2016).

3 Barbara H. Rosenwein, *Anger: The Conflicted History of an Emotion* (London, 2020).

- 爱需要时间和耐心。

- 爱自然而然，不事雕琢。

- 爱是道德的升华，是社会的基础。

- 爱对社会具有破坏性，必须加以驯化。

- 爱是永恒的。

- 爱是多样的。

- 爱情在性中得到了圆满。

- 爱情在没有性的时候是最好的。

- 爱超越世界。

- 爱需要一切。

- 爱什么都不需要。

所有这些想法、反思和观点都令人着迷。所有这一切都应当被听到。难怪我起初不知道该如何书写爱的历史。它不仅意味着纷繁复杂的理念，而且还涉及这么多其他的情感——快乐、痛苦、惊奇、困惑、骄傲、谦逊、羞愧、宁静、愤怒。同时，它还包含诸多动机，如控制、被支配、诱惑、被渴望、培植、被养育的愿望。它可能被用来为最初看起来有损于它的行动（甚至进攻和战争）而辩护。

　　然而，随着阅读，我开始看到一些模因（memes）的汇合。它们是幻想，是反复出现的故事——尽管它们以不同面貌和背景出现。环顾四周，我看到它们甚至还存在于现代故事中，比如电视、小说、电影、亲友的生活中。我也开始看到，这些持久的爱的幻想曾经如何传达信息，并且持续影响着我们对自己所爱之人的期望，影响着所爱之人对我们的期望。

　　同时，我也开始意识到这些幻想的目的。它们曾经是（现在也是）叙事，用来组织、证明和解释那些原本并不连贯且令人困惑的经历、渴望和感受。我的家庭所尊崇的权威弗洛伊德博士很久之前就暗示过同样的观点，他说成年神经症患者的症状是长期受压抑的幼年幻想的表达——比如他以希腊神话比拟的俄狄浦斯情结。

不过，几乎无须求助弗洛伊德，我已经可以理解讲故事是一种解释、组织和掌控人们感受的方式。叙事范式不仅仅是为了让孩子们尝试，创造，然后（可能）表演出来。我们可以从社会学家阿莉·霍赫希尔德（Arlie Hochschild）的著作中看到它们对成年人的意义，尽管她不是在谈论爱。当霍赫希尔德研究美国政治右派的追随者时，她没有全盘接受他们对政治不满的明面解释，比如她友善的信息提供者迈克·沙夫（Mike Schaff）的说法："我支持生命，支持枪支，支持以我们认为合适的方式过我们自己的日子的自由。"[1] 相反，她寻求的是她所说的"深层故事"，"感觉如此的故事——情感叙述的故事，使用的是符号语言"。迈克及其同行者的深层故事是这样的：他们站在——早已站在——主要由像他们一样的白人组成的队伍中，耐心地等待实现"美国梦"，这是关于进步、经济改善和更多机会的梦。为了站在这个队伍中，他们饱尝辛酸、艰苦劳作，却来了插队的人——黑人、棕色人种和移民，都排在他们前面。愤怒、羞愧、怨恨、自豪，种种感觉纷至沓来，并在这个深层故事中具有了意义。这就是我所说的幻想。

这些潜在的幻想也是 L. E. 安格斯（L. E. Angus）和 L. S. 格林伯格（L. S. Greenberg）所思考的，他们主张通过干预、改变人们用

---

1 Arlie Russell Hochschild, *Strangers in Their Own Land: Anger and Mourning on the American Right* (New York, 2016), pp. 6, 135.

　　　　　　　　　　　　　　　　　　　　　　　引　言

来理解自己的感觉和身份的叙事来开展心理治疗。这些潜在的幻想是伊罗·P.雅斯克莱宁（Iiro P. Jääskeläinen）和同事使用神经影像学来发掘"叙事如何影响人脑，从而塑造感知、认知、情感和决策"的原因。这些潜在的幻想解释了琼·迪迪翁（Joan Didion）文章的开头："我们给自己讲故事是为了活下去。"[1]

西方的想象（只是众多想象中的一个）产生了一些跨越世纪的爱的幻想，但这并不意味着爱就是爱，一直都是、永远都会是爱。当然，有些故事具有持久的力量，但它们的形态总是在变化，它们失去一些意义，又拥有了其他意义。它们作为文化参照物，仍然发挥着某种刺激作用（frisson），但也总是需要更新。《纽约客》（*The New Yorker*）中有麦迪·戴（Maddie Dai）创作的一幅漫画，画面上有一个落难少女，一头略带惊讶的龙，以及一个执剑的盔甲骑士。[2] 骑士拯救女士这一视觉意象的叙事令人如此熟悉，以至于它几乎成为我们基因的一部分。它在迪士尼电影和幼稚的白日梦中被循环使用（尽管从未以完全相同的形式）。但是，标题"在我屠龙之前"破坏了图片预设的期望：令人忍俊不禁的是，这位特殊的骑士是现代人。他向这位身处险境的女士询问了她的生育意愿和财务理念之后，才决定去杀龙。不过，我们的笑声可能略带苦涩，因为"爱意味着自我牺牲，它是无条件的，或者它应该是无条件的"这一观点在今天仍然有

1　L. E. Angus and L. S. Greenberg, *Working with Narrative in Emotion-Focused Therapy: Changing Stories, Healing Lives* (Washington, DC, 2011); Iiro P. Jääskeläinen, Vasily Klucharev, Ksenia Panidi, and Anna N. Shestakova, "Neural Processing of Narratives: From Individual Processing to Viral Propagation," *Frontiers in Human Neuroscience* 14 (2020), doi: 10.3389/fnhum.2020.00253; Joan Didion, "The White Album," in *We Tell Ourselves Stories in Order to Live: Collected Nonfiction* (New York, 2006), p. 185.

2　Maddie Dai, cartoon, *The New Yorker* (December 16, 2019), p. 37.

效。在哲学家西蒙·梅（Simon May）看来，"人类的爱付出了巨大的代价，它篡夺了过去只有上帝的爱才能发挥的作用"。[1] 这种幻想需要一种不可能实现的人类之爱，然而，在某些社群中，它却是一种要求，一种期望。

但并不是在所有的社群中都是如此。这就是爱的情感共同体。因为即使有些人认为基督无条件的自我牺牲是"真爱"，其他人仍然会把它理解为一种超越尘世的狂喜体验。还有一些人会坚持其他关于爱的叙事。这些幻想和它们随着时间的变化构成了本书的各个章节。然而，只有它们**交织**在一起的历史，才能让我们瞥见西方传统中绚丽如万花筒一般的爱的历史，因为在某种程度上，它们总是相互作用，而且无论我们如何忠于其中的一种或另一种，这些幻想都可以为我们所用。

与今天的一些科学家不同，我并不想定义什么是爱；和许多哲学家相反，我也不知道它应该是什么。同样，与思想史研究学者不同，我不想仅仅研究过去关于爱的理论，而是想了解人们过去认为爱是什么、现在认为爱是什么。我想把女性纳入故事。我想同时引用"真实"的人和他们对自己的爱的看法，以及那些常常为我们所阐述、所坚守的爱的幻想提供支撑的小说。

我选择了五种反复出现的叙事。第一章主要研究志同道合的爱的幻想。第二章探讨爱的超越意义，指爱把我们带到了一个更高的境界。第三章的主题是自由的、与义务无关的爱。第四章专门讨论"真爱是痴情一片"的幻想。第五章讨论"真爱是贪得无厌"的幻想。各

1　Simon May, *Love: A History* (New Haven, CT, 2011), p. 2.

章聚焦不同的爱的模式和经验，所有内容在西方传统都具有悠久的历史。尽管它们在某些地方有重叠，但整体来说，志同道合主要与友谊相关，超越与对上帝的爱相关，义务与婚姻和其他长期爱情关系相关，痴心与得不到回应的爱有关，贪得无厌与朝三暮四有关。

概言之，本书的讨论按照主题分类，其线索构成一幅色彩丰富的织锦。如果说内容还不够完整，那是因为这就是爱本来的模样。爱的故事就像爱本身，总是处于不断变化、重新阐释和产生新幻想的过程中。

第一章
志同道合

在早年一部情感连续剧《醍醐灌顶》（*Enlightened*）中，女主人公埃米·杰利科（劳拉·邓恩饰）欣喜若狂地迎接她的朋友桑迪（罗宾·怀特饰）。她们一起谈天、散步时，埃米觉得在朋友身上似乎找到了灵魂伴侣，找到了另一个自己：她可以和朋友无话不谈，朋友也能立刻理解她。甚至无须言语，朋友即可知晓她的想法和感受。可惜，令人沮丧的是，埃米发现事实并非如此，朋友有自己的规划，与埃米的规划并不相同。[1]

埃米感到希望破灭，心灵受伤。她寻找"另一个自我"的渴望并不根源于桑迪。桑迪不过是一个符码，一个无足轻重的人，埃米将自己的希望投射在她身上。这也并不是埃米的"天性"，就好像人类（或者女性）与生俱来的精神特质就是去寻找一位灵魂伴侣。然而即便如此，埃米寻找另一个自我的幻想也不是剧作家编造出来的。恰恰相反，作家建构的基础是早已植根于西方"爱"的传统的幻想碎片。

1　*Enlightened*, season 1, episode 6, at bit.ly/3kxjA4x.

这种幻想极具诱惑，可以抚慰人心，有时又令人失望。一代又一代人构建着寻找灵魂伴侣的理想，有割裂，有变体，有丰盛的生长，偶尔也会受到否定。

伙伴关系

这样的理想在荷马的《奥德赛》(*Odyssey*) 中已经存在，在这部史诗中，志同道合意味着绝对一致。荷马——也许是一个人，也许是一个融和了不同口述传统的集体——在公元前8世纪记录了奥德修斯攻破特洛伊之后返回家乡伊塔卡的漫长旅程。他的故事围绕各种流动和迁移展开：船只航行、漂浮；海浪冲击；暴风雨侵袭；人们奔跑、躲藏、变成猪——直到英雄最终回到了他恒定的中心：他在伊塔卡一棵根脉非常深的橄榄树树干周围建造的无法移动的婚床。在那张床榻之上，二十年未归的奥德修斯和二十年在悲泣中度过的妻子佩内洛普"尽情享受 (*philótes*)" (23: 300)。[1]

philótes、*philos* 和 *philia* 都是古希腊语中表达强烈喜爱之情的词语。虽然一些评论家认为，在荷马的笔下只有"义务"，不可能有自发的爱情与友谊的联结；当出现"志同道合"的理念时，他们的这一理论立刻崩塌了。"志同道合"意味着某个人是"另一个自己"。当佩内洛普和奥德修斯的儿子忒勒玛科斯拜访皮洛斯，寻找杳无音信的父亲的消息时，皮洛斯的国王涅斯托尔谈到了志同道合的一种

1　Homer, *The Odyssey*, trans. Peter Green (Oakland, CA, 2018). 引用以卷号和行号标注。(译文引自《荷马史诗·奥德赛》，荷马著，王焕生译，北京：人民文学出版社，2008年，第433页。——译者注)

类型：

> 当时我和神样的奥德修斯从无歧见，
>
> 无论是在全军大会上，或是在议事会上，
>
> 总是意见完全相投，在议事会上
>
> 向阿尔戈斯人发表最为有益的建议。（3：126—129）[1]

涅斯托尔坚持对忒勒玛科斯照料有加、关心备至，既充满敬意，又不乏感情。但是，他所说的与奥德修斯"志同道合"跟埃米的意指非常不同。埃米的"志同道合"是指她所有的希望和梦想都可以与她的朋友共享。涅斯托尔指的是政治上的一致：他与奥德修斯计划相同、对军队的谋划相同。这是狭义的"志同道合"。即便如此，它产生了一种可以延续到下一代的情谊。

荷马在奥德修斯给年轻美丽的瑙西卡娅的建议中描述了一种更加深刻的志同道合。当英雄在这位公主的海岸遇难时，她热情款待了英雄，被他吸引，甚至想嫁给他。但他决心返回家园。他没有留下来，而是为她留下了一个祝福：

> 我祈求神明满足你的一切心愿，
>
> 惠赐你丈夫、家室和无比的家庭和睦，
>
> 世上没有什么能如此美满和怡乐，
>
> 有如丈夫和妻子情趣相投意相合。（6：180—184）

1　译文引自《荷马史诗·奥德赛》，第39页。——译者注

"情趣相投意相合"地共同持家（Two like-minded people keeping house together.）是奥德修斯自己婚姻的基础，与之相比，涅斯托尔与奥德修斯的关系黯然失色。只有男人和女人可以"情趣相投意相合"。奥德修斯和佩内洛普是*ekluon*——"他们彼此倾听，彼此知悉，彼此重视"。[1] 但是他们的志同道合与埃米的志同道合仍然不同，因为他们的志同道合与身体有关，以性关系为核心。与此同时，这种志同道合也是实际的，它包含两人在和谐一致中的共同追求。因此，奥德修斯告诉佩内洛普：

> 现在我们终于又回到渴望的婚床，
> 这家宅里的各种财产仍需你照料，
> 高傲无耻的求婚人宰杀了许多肥羊，
> 大部分将由我靠劫夺补充，其他的将由
> 阿开奥斯人馈赠，充满所有的羊圈。（23: 354—358）[2]

对怀有痴心幻想（我们将在第四章讨论）的人而言，这似乎是一种反高潮：这位男人离开妻子二十年之久，却告诉她自己将很快出发，但是在荷马式志同道合的语境之中，这是完全合情合理的：志同道合就是共同追求对"维持家庭"——这个不仅是爱情，也是经济、政治的单元——而言最有益的东西。

在这个古老的关于爱和志同道合的幻想之中，男人说了算。他告诉佩内洛普"家宅里的各种财产仍需你照料"。她真的与他志同道

1　Ellen D. Reeder, *Pandora: Women in Classical Greece* (Princeton, NJ, 1995), p. 23.
2　译文引自《荷马史诗·奥德赛》，第436页。——译者注

合吗？他告诉瑙西卡娅什么是婚姻，她也是这么想的吗？男性特权在这里如此根深蒂固，以至于荷马都有可能意识不到这一点。

*

但是四个世纪以后的柏拉图非常清楚在爱中人与人之间的权力差距，尤其在情爱之中。在柏拉图的雅典学院，爱欲最早与男童恋（pederasty）联系在一起——这与经常被混淆的恋童癖（pedophilia）不是一回事。男童恋是一种合理的关系，因为青春期的男孩需要由一位年长的男性教育——从智力、军事和道德等各方面。这种观念的目的是培养男孩的美德，培养他们作为城邦公民所需要的品质和知识。人们认为男孩应该有点害羞，甚至相当不情愿才行；年长一方则是求爱者和情人。柏拉图很清楚，这种教育模式会蕴含不平等的权力，这也解释了为什么柏拉图在写《法篇》（*Laws*，他最后的对话之一）时，把纯洁的友谊而不是性关系作为社会和政治和谐的基础。[1] 当涉及性时，一方或另一方会占据主导地位，这将破坏一个繁荣的公民群体所需要的平等。在《法篇》中，柏拉图希望通过非情爱的友谊来实现志同道合的关系，从而使国家在政治上坚如磐石。在这种友谊中，人们关心彼此的福祉，最重要的是在共同的、对美德的终身追求中志同道合。他没有为志同道合的丈夫和妻子留出空间。婚姻只在生育和引导性激情等方面具有意义。

但在其他对话中，柏拉图提出了不同的方案，以解决似乎建立

1　Plato, *Laws* 8 836a-837d, trans. Trevor J. Saunders, in *Plato: Complete Works*, ed. John M. Cooper (Indianapolis, 1997), pp. 1498–1499.

在情爱关系中的不平等。他最具说服力的论点出现在其《会饮》（*Symposium*）中。这种聚会以古典希腊城邦中常见的男性酒会命名，以席间吹长笛的女孩、美酒与畅谈为特色。这部著作汇集了包括苏格拉底在内的许多杰出前辈。吹笛女孩离开后，他们决定不沉醉美酒，而是即兴发表赞美爱神厄洛斯的演讲。在柏拉图为喜剧作家阿里斯托芬安排的演讲中，爱是对"另一半"的寻找，从而解决两性关系中不平等的问题。

阿里斯托芬说，人类最初是完美的圆球形，完全自给自足，不需要任何人。他们（在某种程度上）合二为一：有些是两个男人，有些是两个女人，还有一些既是男人又是女人。每个人都有两张脸、两个生殖器、四条腿和四条胳膊。他们可以通过侧手翻移动得非常快，他们非常自豪，以至于他们"向神灵发起进攻"（190b）。[1] 由于这种不可容忍的傲慢，宙斯把他们劈成两半，让阿波罗把他们缝起来，把脸转到背面，这样他们就能面对被切掉的那一半，阿波罗把那一半抚平，只"留下几处褶皱，都在肚皮和肚脐周围"（191a）。[2] 这样的切割是一个最悲惨的解决办法，一半人得花费所有时间去寻找另一半，并试图一起重新生长。他们不考虑其他事情，所以每个人都在死去，没有人能够繁衍后代，众神也无法从人类那里得到应有的崇拜和祭祀。

宙斯突然想到了另一个解决办法：他把所有的生殖器都移到前面（即受伤的那一边），从此以后，"如果是男人遇上了女人，则这

1　Plato, *Symposium*, trans. Alexander Nehamas and Paul Woodruff (Indianapolis, 1989). 引用以节号标注。（译文引自《会饮》，柏拉图著，杨俊杰译，北京：商务印书馆，2018年，第28页。——译者注）
2　译文引自《会饮》，第29页。——译者注

个种类会怀孕并有所获，而如果是阳性遇上了阳性，也至少由于这样的相聚而满足，都会平静下来"（191c），[1]"凡是出自（完整的）女人而被切剩下来的女人，她们则根本不会对男人们动心思，而是专注于女人"（191e）。[2]虽然并不能完全确定每个人都能找到自己的另一半，但阿里斯托芬主要着眼于他们相遇时的喜悦："当时就会惊得呆住了，由于友爱，由于亲切，由于爱慕！"[3]之后，他们"一起共度一生"（192c）。[4]阿里斯托芬的故事使志同道合的爱成为所有爱中唯一真实的形式。性是最不重要的部分："没有谁觉得是为着那些与阿佛洛狄忒有关的事情而相聚。"[5]更确切地说，爱是灵魂对灵魂的渴望。情侣们"尽可能多地与彼此在一起，无论黑夜与白日都不分开"（192c）。[6]他们很乐意"熔化成一个"，就像理想的希腊军队中的士兵一样（192e）。[7]阿里斯托芬用分割整体的思想解决了性别不平等的问题：如果夫妻是彼此的一半，那么，即使在性方面，他们也拥有完全相同的权力。

宴会上没有人直接批评阿里斯托芬。但是与此同时，他们都急于展现自己对爱情截然不同的看法，以至于我们可能会想，他们对性别平等的激进主张是不是和古老的偏见互相抵触呢？

不过，正如我们在亚里士多德的著作中看到的那样，柏拉图以后的情形同样如此。亚里士多德比柏拉图更有条理、更加务实、更重实效。亚里士多德将"另一个自己"的概念局限于男性朋友。不过即使如此，这个概念也仅仅局限于最好的朋友，即因为同样有美德而成

---

1 译文引自《会饮》，第29页。——译者注
2 3 同上书，第30页。——译者注
4 同上书，第31页。——译者注
5 6 7 同上书，第31页。——译者注

为朋友的男性。亚里士多德非常了解一些较低级别的友谊：人们只是期望得到对方的帮助，或者只是喜欢在一起。对他们来说，这些都是很好的友谊，他用 *philia* 这个词来形容他们，特指一般意义的喜欢的爱。但是，最好的友谊，也就是亚里士多德所说的"完全的"友谊，只有品德高尚、彼此祝福的人才能拥有。美德来之不易。简单来说，它意味着在理性的指导下开发一个人的全部能力。没有人生来就拥有美德，只有经过恰当的培养和教育且生而自由的男性才有望拥有美德。此外，在任何情况下，富有美德的思想和行为都必须经过反复的练习，从而成为习惯：这才是真正的美德。因此，拥有美德的人很稀少，如果他们成为"完全的"朋友，他们很希望能一起度过所有的时光，分享他们的"欢乐和悲伤"，分享他们在追求美德时遇到的各种胜利和挫折（1171a5）。这是一个困难重重却充满快乐的事业。[1] 孩子们无法承担，因为他们的理性尚未发育；女人可能只有在一个男人——父亲或丈夫——更高贵的理性的指导下才能够承担。这里没有培养独立个体的概念；在追求美德的过程中，朋友拥有共同的目标。正是在这个意义上，亚里士多德可以断言"朋友就是另一个自己"（1170b）。[2]

的确，亚里士多德观察到，母亲们希望将最好的一切给予孩子，她们为了自己的后代，分享自己的痛苦和快乐，牺牲自己和自己的愿望。对她们的孩子来说，这样的母亲就像"完全的"朋友，但并不完全是，因为完全的友谊需要互惠，而孩子永远不可能同等地回报。但丈

1　Aristotle, *Nicomachean Ethics*, trans. Terence Irwin (2nd edn, Indianapolis, 1999). 引用以节号标注。

2　译文引自《尼各马可伦理学》，亚里士多德著，廖申白译注，北京：商务印书馆，2011年，第307页。——译者注

夫们可能会这样做。那么丈夫和妻子会志同道合吗？会，但是只能以奥德修斯和佩内洛普"情趣相投意相合"的方式，尽管他们并不相似：佩内洛普照顾他们的家，奥德修斯外出劫掠以补充他们的财产。因此，亚里士多德承认："[丈夫和妻子之间的]友谊似乎既有用又快乐。如果他们是公道的人，这种友爱还是德性的。"（1162a20—25）[1]这是他最接近夫妻志同道合的描述。

＊

因此，古希腊人勉强承认女性可能可以与另外一位男性或者另外一位女性志同道合。但是，当"另一个自己"的概念出现在罗马演说家、政治家和道德家西塞罗的严肃著作中时，女性被严格地排除在外。那么，在讨论为现代爱情幻想提供根基的历史碎片时，为什么会提到西塞罗呢？原因之一是西塞罗的对话录《论友谊》（*On Friendship*）把爱和某些自我镜像的期望之间的关联探讨得非常清晰，所以我们不能忽略它。其二，人们反反复复挖掘西塞罗的作品，也将书中的箴言重新应用到每一个场合和语境。其三，尽管很不情愿，我们或许仍然可以原谅西塞罗的性别歧视。因为罗马女性在政治领域并无立足之地，而西塞罗恰恰无法将友谊剥离于政治。但事实上，大多数罗马**男性**也没有政治角色，即使在西塞罗生活和工作的共和晚期也是如此。只有精英男性（以及少数像西塞罗这样的新星）才能参与罗马共和晚期的政治。所以西塞罗也结交了朋友，这是"充分

1　译文引自《尼各马可伦理学》，第276页。——译者注

享有财富和权力"的少数男性精英的特权。接着, 他加上了"尤其是美德", 进一步缩小了可能性（14.51）。[1]

对西塞罗来说, 只有当一位道德正直的人（这已经是一个很高的要求）看到或听到另外一个值得他钦佩的人时, 友谊才会开始。于是正直的人就会情不自禁地对这位值得称赞的美德模范产生"爱和亲切的感情"。他渴望接近自己的典范, 就像植物在寻找太阳（9.32）。如果他幸运的话, 可能会有一种"亲近的亲密关系"; 当爱慕者和被爱慕者友好互助、共同处事时, 那么, "与灵魂对爱的第一冲动结合在一起, 产生了……奇妙之光辉、善意之伟大"（9.29）。"善意"——拉丁文中的仁爱（*benevolentia*）——在英文中是一个毫无光彩的单词。可以用意大利文来理解这个单词, 在意大利文中, 它仍然含有一些拉丁文式的激情: *ti voglio bene*, "我爱你": 这是对你最亲爱的朋友、你的父母和你的孩子的那种爱。这是一种可爱、温暖的感觉, 尽管随之而来的是一连串的焦虑, 因为当你爱的人遭遇不测时, 你会关心、担忧, 会感到悲伤。

我们可能认为, 倾向于斯多葛主义[2]的西塞罗会像往常一样避开友谊的情感, 因为他认为情感是不受欢迎、令人不快的精神扰动。但是, 友谊是一种例外, 而且, 为了支持友谊, 西塞罗成了情感坚定的捍卫者。他勇敢地宣称, 如果没有感情, "一个人与一根木头或者一块石头"没有区别（13.48）。

在对话录《论友谊》中, 西塞罗把生活在几代之前的莱利乌斯

---

1 Cicero, *Laelius on Friendship*, in Cicero, *De senectute, de amicitia, de divinatione*, trans. William Armistead Falconer (Cambridge, 1923). 引用以章号和节号标注。

2 斯多葛派（Stoicis）, 兴起于公元前300年左右的希腊化哲学学派。在伦理学方面, 该派主张善在于灵魂遵循理性实现自制的状态, 而激情则是违背理性, 故应当摆脱激情的控制。——译者注

（Laelius）作为自己的榜样和代言人。正如西塞罗所言,莱利乌斯沐浴在与伟大的将军、征服非洲的西庇阿（Scipio Africanus）的友谊的温暖光芒之中。即使在西庇阿去世以后,莱利乌斯仍"在对我们友谊的回忆中"感到欣慰。他认为自己是一个幸福的人,因为他的生活是"与西庇阿一起度过的,我与他分享我的公共和私人事务,住在同一个屋檐之下,在国外同样的[军事]战役中服役,享受着在原则、追求和观点上完全的一致——这是友谊最精华的内容之所在"（4.15）。

这些话与涅斯托尔对他和奥德修斯关系的描述很接近。但是,莱利乌斯和西庇阿的友谊更加深厚,因为他们实际上曾经住在一起,共享他们亲密的快乐与痛苦。他们也有性关系吗?这是有可能的,因为正如克雷格·A.威廉姆斯（Craig A. Williams）对这个话题的仔细研究,生而自由的罗马男性并不认为同性之间的欲望有问题,在某些情况下,他们也不反对同性之间的性行为。[1] 但是,在对话的过程中,莱利乌斯对朋友之间平等的必要性大做文章（19.79）;如果他和西庇阿具有性关系,他们中只有一个人可以扮演"男性的"角色（按照罗马人理解的方式）。所以,莱利乌斯所说的"完全一致"不太可能包括性。

然而,它确实包含了如此彻底的志同道合,正如西塞罗所说,朋友"就像另一个自己"。我们爱自己是因为我们关心自己,我们会喜欢我们所关心的人。这就是为什么一个人"用他的理性去寻找另外一个人,可以把他的灵魂和他自己的融合,几乎将两个灵魂合二为

1　Craig A. Williams, *Roman Homosexuality* (2nd edn, Oxford, 2010).

一一！"（21.80—81）。

　　这听起来可能有点像阿里斯托芬，但西塞罗的"融合"与性无关，他对"理性"的强调与阿里斯托芬式的爱的体验完全不同。最重要的是，阿里斯托芬的体验是快乐的，而西塞罗的体验更接近痛苦。这在一定程度上和语境相关：在《会饮》中，柏拉图使用喜剧作家的口吻发言。然而，西塞罗想到的是真正的朋友和他自己危险的政治处境。事实上，即使当他写下关于友谊的对话时，他也在试图决定是支持屋大维（Octavian）还是安东尼（Antony），因为他们在争夺对罗马政府的控制权。西塞罗选择了屋大维，但是，当这两位独裁者同意合作时，他们也同意牺牲他们过去的"朋友"和家庭成员。西塞罗是"被禁者"之一，他被判处死刑。在这种情况下，如果宁愿把自己的灵魂与别人的灵魂"融合"，也不愿保住自己的性命，那这样的人或者非常勇敢，或者非常愚蠢。这就是为什么西塞罗忧虑对朋友的忠诚的分寸问题。西塞罗说，切莫发展到当你的朋友要求你做错事，你就去做的地步。

　　最重要的是，西塞罗式的友谊之所以是忧郁的，正是因为人们对这种友谊抱有太多的期望，但很少能够实现所有的期望。西塞罗喜欢和阿提库斯（Atticus）在一起，阿提库斯是他少年时代的朋友，西塞罗把《论友谊》一书献给了阿提库斯。"让我忧愁和烦恼的事情很多，但一旦有你在这里倾听，我觉得只消一次散步、一次谈话，我就可以尽数吐露。"然而阿提库斯并不"在这里倾听"；事实上，他很少在意大利，他更喜欢在遥远的希腊庄园里度过悠闲的绅士生活。西塞罗因他的缺席而忧伤："你的谈话和建议总是减轻我精神上的忧愁和烦恼，你是我公共生活中的伙伴，熟悉我的私人问题，是我所有谈话和计划的分享者，你在哪里呢？"[1] 人们认为友谊会带来巨大的快乐，但在这里，我们看到它常常带来悲伤和渴望。

作为黏合剂的上帝

正是这种爱的痛苦为基督徒轻视。他们拥有一个更好、更持久的爱的对象：上帝。公元4世纪末，当罗马帝国成为基督教帝国，西塞罗那种系于尘世的友谊就不再是理想了。西塞罗的政治生涯也是如此。现在罗马只有一个统治者——皇帝。那些曾经常常去广场讨论国家政策的人现在却坐在主教的座位上，为自己的教牧职责忧心忡忡，或在教会会议上为棘手的神学问题辩护。

奥古斯丁是希波（Hippo）的主教和早期基督教拉丁教父，他很了解西塞罗的《论友谊》。事实上，在他信仰基督教之前，他有一位西塞罗式的朋友：一位童年的灵魂伴侣，一位他与之共同分享热情的人，一位他永远都不想分开的人。当这位朋友英年早逝时，奥古斯丁的反应完全不像对西庇阿平静的缅怀。相反，他悲痛得无法自已："我奇怪别人为什么活着，既然我所爱的，好像不会死亡的好友已经死去。"他无法相信他自己，作为朋友的"另一个他"还依然活着。他希望自己可以死去，"我觉得我的灵魂和他的灵魂不过是一个灵魂在两个躯体之中……我不愿一半活着"（4.6）。[2]

为了平息他对爱之忧伤的痛苦意识，奥古斯丁找到了一个非凡

1　Cicero, *Letters to Atticus*, ed. and trans. D. R. Shackleton Bailey, vol 1: *68–59 BC* (Cambridge, 1965), no. 18, pp. 171–173.

2　Augustine, *The Confessions of St. Augustine*, trans. Rex Warner (New York, 1963). 引用以卷号和节号标注。（译文引自《忏悔录》，周士良译，北京·商务印书馆，2011年，第61页。——译者注）

的解决办法：他否认他的爱是"真正的"。他所享受的那种友谊是一种幻象，"只有你把那些……依附你的人联结在一起的友谊才是真正的友谊"（4.4）。[1] 这里的"你"指的是上帝。

奥古斯丁宣称友谊是三元素的结合。像莱利乌斯一样，他同意友谊始于一位品德高尚的人被另一位具有相同品格的人所吸引，但奥古斯丁所说的"品德高尚的人"是指一位基督徒通过**上帝**被另一位基督徒所吸引。上帝是将他们联结在一起的黏合剂。当奥古斯丁听说有人因他的基督教信仰而受苦时，他"立刻就想与他亲近，结识他，与他交好。一有机会我就会走近他，向他攀话，与他交谈，尽我的唇舌表达对他的关心……反过来也希望他问起我"（9.11）。[2] 但是，如果这个人对上帝有错误的看法呢？那么奥古斯丁的爱就无法维持了。简而言之，"相似的思想"的定义在这里已经缩窄为"相似的信仰"。这是身份政治的开端。在奥古斯丁的案例中，这意味着在必要时使用武力来对付那些与他信仰不同的人。他以"夹杂着严厉的爱"辩护。[3] 我们将在第二章看到更多相关讨论。

*

奥古斯丁的时代是"过渡"的，因为在接下来一千年左右的时间里，天主教在欧洲大部分地区是既定的信仰（尽管有许多例外）；如

1　译文引自《忏悔录》，第58页。——译者注

2　Augustine, *On the Trinity, Books 8-15*, ed. Gareth B. Matthews, trans. Stephen McKenna (Cambridge, 2002). 引用以卷号和节号标注。（译文引自《论三位一体》，奥古斯丁著，周伟驰译，北京：商务印书馆，2015年，第268页。——译者注）

3　Augustine, Letter 93 in *Letters*, Vol. 2 (83–130), trans. Wilfrid Parsons (Washington, DC, 1953), p. 60.

果能成为朋友, 可以比较确定他们具有相同的信仰。在11世纪和12世纪, 随着城市中心的兴起、新学校的蓬勃发展以及古典模式重新流行, 爱作为寻找"另一个自己"的想法开始流行起来。它经常出现在男老师和学生之间的书信中, 可能是希腊男童恋的去性化版本。典型的例子是一位不知姓名的教师, 他在给一名自己的学生的回信中充满激情地说:"我的耳朵竖起来, 紧张地期待着你的消息。我一听到你生活(也是我的生活)安稳、万事(我也视为我自己的事)顺遂……我的灵魂就立刻充满了……喜悦。"正如我们将看到的, 许多其他中世纪爱情幻想中出现的有力的情爱语言也出现在这段话之中:"当你出现在我面前时, 我感到多么踏实, 多么快乐! 我很高兴能与你拥抱, 与你交谈, 我的心灵沉醉于此, 翩然起舞!"[1]

类似的情感在一些男女关系中也很普遍。由修道士圣贝尔坦的戈斯林(Goscelin of Saint-Bertin, 生活在11世纪晚期)撰写的《鼓励与安慰之书》(*The Book of Encouragement and Consolation*), 是写给一位名叫伊娃的年轻修女的, 戈斯林曾担任她的精神导师。[2] 两人当时已经分居两地(她在法国, 他在英国), 他"写给自己唯一的灵魂"。他声称, 他们的特殊关系是由基督保证的:"基督作为中间人保守两个人之间的秘密, 他们的祭品别无他物, 只有童贞的纯洁以及纯真的爱。"他向伊娃保证, 他的思想和感情纯洁无瑕。一些评论家认为, 他的抗议太过分了。他用心绘制的是阿里斯托芬首次提出、奥古斯丁等人阐述的幻想。基督将戈斯林

---

1 Hildesheim letter collection, Letter 36 (c. 1073–1085), quoted in C. Stephen Jaeger, *Ennobling Love: In Search of a Lost Sensibility* (Philadelphia, 1999), pp. 218–219
2 Goscelin of St Bertin, *The Book of Encouragement and Consolation* [*Liber confortatorius*], trans. Monika Otter (Cambridge, 2004), pp. 19, 21.

和伊娃"在肉体上"分开，但很快，在天堂中，上帝"将过去分在两个人身上的一个灵魂重新合二为一"。就像第一次被劈成两半的球形人一样，戈斯林呻吟着、啜泣着——但他把自己的渴望基督教化了：这是为了他的"灵魂伴侣"。同样被基督教化的还有他和伊娃的后代。戈斯林写道，他没有给伊娃一个孩子，而是给了她对基督的渴望。（我们在这里看到了超越性梦想的一缕微光，将在第二章探讨：不是肉体的繁殖，而是更伟大、更高尚的繁殖。）戈斯林利用"灵魂"（anima）这个词的阴性词性，有时把自己说成是伊娃的母亲，以表达他对女儿的"母性"关怀。但是这个女儿让他很失望。伊娃匆匆地离开了她的英国修道院，甚至都没有向他告别。这个"疏忽"残酷地伤害了戈斯林。在他的书中，他哀叹并斥责她。即便如此，他还是赞扬她在法国找到了比她在英国修道院更为严格的地方，他期待她用非凡的美德向上帝求情，使他们在天堂重聚。合二为一的诱人幻想在此世令人失望，但是，基督教带来了希望，它将在来世开花结果。

充满激情的教师与学生、修士和修女使气氛也变得富有激情（这种气氛在许多语境都出现过），西塞罗的《论友谊》被重写以适应时代也就不足为奇了。《属灵的友谊》（Spiritual Friendship）是埃尔雷德（Aelred）晚年的著作，埃尔雷德是英国里沃的西多会修道院院长。这本书以西塞罗的对话为蓝本，是埃尔雷德自己与其他几个修士关于"在基督里"的真正友谊的真诚讨论（1.8）。[1] 就像美国最高法院的保守派法官一样，埃尔雷德决心从"原初意图"开始。造

1　Aelred of Rievaulx, *Spiritual Friendship*, trans. Lawrence C. Braceland (Collegeville, MN, 2010). 引用以卷号和节号标注。

物主最初的计划是什么？对于埃尔雷德来说，这很清楚：当上帝创造世界时，他将自己的统一性印在上面。因此，即使石头也不是"形单影只"，而是一同沉积在溪流之中，表现出"一种对陪伴的热爱"（1.54）。那么，上帝将人类创造为社会性的存在，创造为热爱他人的人，这是多么真实！但是，随着人类的堕落，人们分成了两类。世俗之人的爱是攫取性质的，他们渴望得到。相反，正直的人明白，他们甚至必须爱他们的敌人。然而，他们对朋友保留着一种更珍贵的爱：

> 和朋友在一起，你可以像和自己谈话一样畅所欲言，你既不怕承认任何错误，也不羞于透露任何属灵的进步，你可以把自己心中所有的秘密托付给他，向他吐露你所有的计划。还有什么比这种心灵的结合更令人愉快呢？还有什么比两人合二为一，既不怕自夸，也不怕猜疑更令人愉快呢？（2.11）

使我们彼此相连的"心灵"来自基督，他将灵注入了"我们的友人之爱"（2.20）。当基督使他自己作为我们的朋友的时候，这一连串崇高过程的下一步就开始了。之后，我们将我们的心灵与基督结合——不是身体上的（如同我们在教堂向其他人送上和平之吻的时候），甚至也不是属灵的（如同我们爱我们的朋友的时候），而是理智上的，"所有世俗的依恋归于平静，所有世俗的思想和欲望渐渐止息"（2.27）。

不只西塞罗，《圣经》也鼓励这些想法：《撒母耳记上》20：17是约拿和大卫的爱；第一个使徒团体的成员彼此"一心一意"地相爱

　　　　　　　　第一章　志同道合

（《使徒行传》4: 32）[1]；耶稣命令"你们要彼此相爱，像我爱你们一样……我乃称你们为朋友"（《约翰福音》15: 12—17）。西塞罗曾担心爱会让一个人为朋友做出不光彩的事，埃尔雷德则认为，根据真正友谊的定义，这种结果是不可能的；它永远存在于品德高尚的人之间，因此不可能要求任何不光彩的事情。当然，朋友可能是不完美的。比如说他可能是易怒的，在这种情况下，如果崇高的道德原则没有受到挑战，一个人可能会稍微委屈自己的意愿，以遵从那位易怒的朋友的意愿。这是非同寻常的让步——这是"我们可能不得不相互适应"的观点。一旦我们接受了一个人作为我们的朋友，我们必须容忍他**不是**我们的另一半的时候。正如埃尔雷德强调的，这绝不是一件轻而易举的事情。秉持这一观点或许可以避免失望。

女性的"另一个自己"

佩内洛普和奥德修斯到底有多相似？伊娃对戈斯林关于赞扬和责备的书籍是什么看法？女人是如何看待所有这些"另一个自己"的声明的呢？

我们至少可以在阿伯拉尔（Abelard）的恋人和后来的妻子爱洛伊丝（Heloise）的例子中谈论这一点。这对恋人都是才华横溢的知识分子，他们接受了古典作品和《圣经》文献的卓越教育。他们的故事非常出名。阿伯拉尔以自己的方式在他的《我的苦难史》（*Calamities*）中讲述，这是在这对夫妇分别加入不同的宗教团体

1　本书《圣经》的译文均引自中国基督教三自爱国运动委员会、中国基督教协会发行的和合本《圣经》，下同。——译者注

大约十五年后写的。正如他所说,他是一位著名的哲学家,受聘完善巴黎座堂区府富尔伯特(Fulbert)的侄女爱洛伊丝的教育。老师和学生相爱了(在他的《我的苦难史》中,阿伯拉尔说他只是想引诱她),且爱洛伊丝怀孕了。考虑到教会对婚外性行为的严格限制,以及像阿伯拉尔这样的学院派人士都是神职人员(应当是独身的),婚姻可能会毁了他的事业。更令人震惊的是,爱洛伊丝不想结婚,她对契约和义务(见第三章)的观念非常恼怒,她更认可自由的爱。阿伯拉尔的解决办法是秘密结婚,不过这个办法不奏效。结婚之后,两人为了保守着这个秘密,几乎不见面。富尔伯特知道了这桩婚事,认为阿伯拉尔抛弃了他的侄女,于是命令他的亲戚们把阿伯拉尔阉割。此后两人便分开了,各自立下隐修誓言。他们的儿子阿斯特洛拉贝(Astralabe)由阿伯拉尔的姐妹抚养长大。

我们从他们的信件中了解到他们的感受,这些信件由两部分组成:最著名的信件写于阿伯拉尔出版《我的苦难史》之后,不太著名的信件则写于他们的事情被公开之时。[1] 在这些信件中,双方都使用了"另一个自己"的比喻。这些信件都措辞谨慎,使用的语言通常是拉丁文:这不仅是为了引起心爱之人的钦佩,而且也可能是为了将来的出版。爱洛伊丝(让我们集中关注她)运用了迄今为止主要是男性的思想,并把它变成了自己的思想。信的一些内容很具有模仿性质,比如在他们情事的开始,她写给阿伯拉尔的信件是这样开头的:"献给因所有美德而熠熠生辉、拥有比蜂巢更多喜悦的他:

---

1 第一部分参见 Abelard and Heloise, *The Letters and Other Writings*, trans. William Levitan (Indianapolis, 2007),引用以 "Levitan" 加页码标注;第二部分参见虽不具名但绝对是阿伯拉尔和爱洛伊丝所作的 *Making Love in the Twelfth Century: "Letters of Two Lovers" in Context*, ed. and trans. Barbara Newman (Philadelphia, 2016),引用以 "Newman" 加页码标注。

他最忠诚的另一半，忠诚地献出了自己，献出了他灵魂的另一半。"（Newman 97）她是"他灵魂的另一半"：这并不新奇。这是阿里斯托芬的奇喻；在更接近爱洛伊丝的时代，这是圣贝尔坦的戈斯林的想象，他写道（正如我们之前看到的），上帝"将过去分在两个人身上的同一个灵魂重新合二为一"。但是，在爱洛伊丝的信件中，另一种思想很快出现了，并为她对志同道合的许多声明增添了色彩，使它们具有一种特别的光影。因为，为了确保她和阿伯拉尔的愿望完全相同，她发誓在一切事情上都遵从于他。在一封信件中，她写下来一个几乎纲领性质的声明。她以一个类似西塞罗式的对友谊的定义开始，考虑如何让他们的友谊绝对无懈可击："爱是什么，它能做什么——我也一直凭直觉思考这个问题。我认识到我们的性格和所关心的事情是相似的——这一点尤其可以使友谊巩固、使友人和睦——作为回报，我将爱你，我将在所有的事情上爱你，服从你。"（Newman 118）她从他们的"性格和所关心的事情"中看到了相似之处。这是他们爱情的基础。它承载着一种义务，我们将在第三章更全面地探讨这个概念。但是，在那一章中，义务往往意味着符合某些对角色的期待，而在这里，它意味着一种对纯粹的意志的持续行使："我心爱的人，你知道，只有不断付出，才能正确地履行真爱的责任，因此，我们会为心爱之人付出一切，而且还会不断希望超乎自己力量的付出。"（Newman 119）为心爱之人付出一切？埃尔雷德愿意做出一点让步，而爱洛伊丝已经准备完全屈服了，并且"永不止息"。

这些主张不是空谈，也不是理论。爱洛伊丝确实服从了阿伯拉尔，甚至违背了她"自己的意志"，但是，她将自己的意志淹没于他的意志之中。她不想嫁给他——她更喜欢自己被称为他的"情妇"而不是他的"妻子"，因为这将证明她想要的只有"你本身，绝不是婚姻，绝不是嫁妆，绝不是任何乐趣，绝不是任何我自己的目的"（Levitan 55）。但她嫁给了他，因为这是他的命令。当他让她立下修道誓言时，她遵从了，尽管她根本没有这样的天职。正如她所承认的那样，"当我还是一个年轻的女人时，并不是对宗教生活的任何承诺迫使我进入修道院的严格环境：这只是你的命令……我不能指望从上帝那里获得什么赏赐，因为显然我做的所有事情都不是出于对他的爱"。事实上，她发誓，如果阿伯拉尔对她有要求，她会跳进地狱的熊熊烈火："如果你命令我，我会跟着你走向伏尔甘的火焰，我会毫不犹豫地第一个去。"（Levitan 60—61）

但是，如果爱洛伊丝愿意把她的自我淹没在阿伯拉尔的自我中，她对他的期望也不会低——而他却并不这么看待事情，这让她有点失望。当她走进修道院，"因日复一日的悲伤而跨倒时"，他从未试图安慰她，"然而，[她批评他]：你会知道，你对我的亏欠[比所有安慰修道妇女的神父们]更多，你对我的亏欠是由于婚姻的神圣，并且显而易见，更是由于对我负有义务，那就是：我一直以无限的爱将你放在我的心中"。这是阿伯拉尔独自欠她的债，"这是现在最重要的事——当我已经完全履行了你的命令"。（Levitan 54—55）

这就是奥德修斯对瑙西卡娅的祝福的不足之处，"世上没有什么能如此美满和怡乐，有如丈夫和妻子情趣相投意相合"，达成这样的情趣相投意相合需要做出牺牲。西塞罗知道这一点：当他警告说，当不光彩的事情开始的时候，友谊必须结束，他实际上愿意接受一些爱情可能以离婚告终的结果。埃尔雷德认为，基督激发的友谊意味着两个朋友都不会（或不可能）做或要求对方做任何不光彩的事情，但是他承认，有时为了维持他们的关系，他不得不同意他易怒的朋友。以及爱洛伊丝，她作为阿伯拉尔的"朋友"，在"性格和所关心的事情"方面都与他非常相似；她不惜一切代价，倾其一生去维持这种相似。是否有像奥德修斯所说的"更伟大或更好的"呢？爱洛伊丝也许同意奥德修斯的看法。的确，她责备阿伯拉尔不关心她和她的修道团体；她想让他分担她的责任。最后，阿伯拉尔听从了她的意见，担任了她主持的修道院的宗教指导一职。

从爱洛伊丝的观点来看，只有双方都做出大量的自我牺牲，才能实现奥德修斯式的在所有事情上都完全一致的美好梦想。也许这也是荷马的观点。或许可以将《奥德赛》看作一个丈夫努力回家、妻子尽最大努力来保持家的完整的故事。只是因为他们各自尽了自己的职责，才最终达成志同道合。

*

中世纪的教会分裂成各种基督教的忏悔，阿伯拉尔和爱洛伊丝面临的困境在16世纪时结束了。在新教的领域里，贞洁的生活失去了它的威望，雄心勃勃的年轻人参加战争，或者在非洲、美洲和亚洲从事侵略性的事业——定居、贸易、征服。或者，如果条件允许，他们像西塞罗这样富有的罗马人曾经做过的那样，专注于自己的地产，在业余时间写作。年轻女性呢？她们结婚，或者，正如我们将要看到的，她们没有结婚，自己渴望成为作家。

这就是米歇尔·德·蒙田遇到艾蒂安·德·拉博埃西（Étienne

de La Boétie）时的世界。他后来写道，他们的友谊是一种难以解释的类型，它如此罕见，以至于"三个世纪都很难遇上一次"。[1] 他们两人的愿望完美地融合在一起：

> 这不是一种特殊的因素，不是两种、三种、四种，也不是一千种；而是所有这一切混合而成的精髓，我也说不清是什么，它控制了我的全部意志，带着它陷进和消失在他的意志中；它也控制了他的全部意志，带着它陷进和消失在我的意志中，怀着同样的饥渴，同样的激情。[2]

两人如此一致，以至于"属于我们自己的什么都没留下，不分是他的，还是我的"。[3] 蒙田从他与拉博埃西的经历总结道："……这样朋友的一致是真正完美的一致……至于恩情、尽责、感激、请求、道谢以及这类区分你我与包含差别的用词，在他们之间遭到憎恨与驱逐。"[4] 他们所拥有的一切都是共有的："意愿、想法、判断、财产、妻儿、荣誉与生命。"[5] 妻儿？这超出了我们之前看到的任何情况。考虑到这一点，蒙田认为两人是"双身子灵魂"[6] 的观点有些陈词滥调。

　　蒙田和拉博埃西都来自法国西南部的同一地区；他们同样富裕，同样受过教育，一起在波尔多最高法院担任了几年顾问。他们的友谊持续的时间不长，因为拉博埃西英年早逝。蒙田大为震

1　Michel de Montaigne, "Friendship," in *Selected Essays with La Boétie's Discourse on Voluntary Servitude*, trans. James B. Atkinson and David Sices (Indianapolis, 2012), pp. 74, 80, 81.
2　译文引自《蒙田随笔》，蒙出者，马振聘译，北京：中华书局，2016年，第62页　——译者注
3　同上书，第62页。——译者注
456　同上书，第64页。——译者注

撼之后，他"使自己陷入爱河"。蒙田结婚不久，就从最高法院退休，过上了平静的学习生活。[1]（这没有起作用，他可能也不想这样做。无论如何，在法国动荡的宗教战争时期，他经常被要求为公众服务。）他开始写他自己经历的文章，也许是作为给已故的拉博埃西写信的一种替代。在这些随笔的第一卷中，他把《论友爱》（"On Friendship"）小心地放在书的正中间之前，这是为拉博埃西写的赞歌。

他想模仿他那个时代的画家，他在《论友爱》的开头说：画家选择墙壁中央最佳的位置画上一幅画施展他的才华；四周的空白处他画满怪物，这都是荒诞不经的图案，用奇形怪状来表现画的魅力。[2] 因此，蒙田的文章《论友爱》将形成一个非常特殊的中心框架：这是一段关于《自愿奴役论》（*Voluntary Servitude*）的论述，《自愿奴役论》是拉博埃西年轻时写的对自由的呼吁。这段论述具有双重意义，因为它是"我们初次见面的媒介"。[3] 蒙田就是这样第一次知道拉博埃西的——就像莱利乌斯听闻西庇阿的美德时第一次被吸引一样。蒙田声称，他的随笔集是自画像，他似乎想用最具体的方式来说明拉博埃西作为"另一个自己"的地位，他的方式是用自己的随笔介绍他朋友的随笔。

但是，蒙田没有坚持这个计划。在《论友爱》一文的最后，他改变了态度，说发表拉博埃西煽动性言论的时机不对。（的确，教会和君主都不会善待他们。）相反，他会用他朋友写的十四行诗代

1　Michel de Montaigne, "Of Diversion," Essay 3.4 in *The Complete Works*, trans. Donald M. Frame (New York, 2003), p. 769.
2　译文引自《蒙田随笔》，第54页。——译者注
3　Montaigne, "Friendship," p. 74.（译文引自《蒙田随笔》，第55页。——译者注）

替。在蒙田《随笔集》(*Essays*)的第一版中，拉博埃西的29首十四行诗被作为"随笔"在《论友爱》之后发表，位置在第一册的正中间。不过，它们后来被拿走了，本应是这本书焦点的地方留下了空白。

　　一些学者认为我们不应该相信蒙田的话，他们认为蒙田是《自愿奴役论》和十四行诗的作者。[1] 这确实是志同道合的幻想的完美装饰：蒙田将他自己写的东西称为朋友的作品，仿佛作者的身份并不重要。但是，让我们和大多数学者一样假设，即使蒙田诡计多端，他也不希望走得那么远。如果这样的话，蒙田赞颂他深受拉博埃西影响的"被捕获的意志"(captured will)似乎不符合他的朋友在《自愿奴役论》中的论点——后者赞美了意志的自由。

　　在一首献给蒙田的拉丁文诗歌中，拉博埃西写道："我们的友谊已经达到了罕见的完美程度。[……就像同类嫁接一样，]灵魂也是如此。"[2] 但是在《自愿奴役论》一书中，他强调了嫁接的危险，因为很可能一根树枝被嫁接到一棵不同的树上，结果完全错了。像西塞罗一样，拉博埃西担心畸形的友谊。虚假的忠诚会腐蚀这种友谊，走上错误的方向。他认为，真正的友谊是神圣的、自然的、理性的。但是，如果把朋友之间的信任和"共同成长"的经历转移到公共领域，那么它们很容易变成代表暴君的阿谀奉承。蒙田共享"财产、妻儿、荣誉与生命"的理想将变成一种可怕的恶习："看到无数的人不是在服从，而是在服务；不是受到统治，而是受到暴政；他们没有财产、没有亲戚、

1　David Lewis Schaefer, ed. *Freedom over Servitude: Montaigne, La Boétie, and* On Voluntary Servitude (Westport, CT, 1998).

2　Étienne de La Boétie, *Poemata*, ed. James S. Hirstein, trans. Robert D. Cottrell, *Montaigne Studies* no. 3 (1991): 15–47, at p. 27.

没有妻子、没有孩子, 甚至连他们的生命也不属于他们。"暴君是恶魔的"另一个自己":"如果你不给他这些眼睛, 他从哪里得到这么多眼睛来监视你呢? 如果不是从你这里得到这些手, 他怎么会有这么多手来打你呢?"[1] 在《自愿奴役论》中, 爱很容易伪造, 也很容易遭误解。你可能会欺骗自己, 以为你和另外一个人志同道合, 但实际上你是他卑躬屈膝的奴隶。

如果蒙田真的想让《自愿奴役论》继《论友爱》之后出现在他的文集中, 那么他本可以用一些恰当的警句来调节自己完美关系的故事。但最后, 他用了一些爱情十四行诗来代替。它们是不是起到了同样的作用呢? 是的, 它们讲述了一个受爱情迷惑的诗人的故事。在一个名叫爱的"暴君"的控制下, 诗人的希望被激起, 又被消灭, 因为他在追求一位既鼓励他、又轻视他的女士。[2] 和女人的关系总是不完美的。《论友爱》及其之后的写作, 无论是关于自由的论述还是关于爱的诗歌, 都不完全是田园诗一般的作品。

至于女人之间友谊的陷阱, 蒙田直言不讳地说, 没有人能成为另一个自己:"这种神圣的友爱是靠默契与交流滋养的, 老实说, 女人资质平庸, 达不到这样的默契与交流。"[3] 但在晚年, 在准备他的随笔集的新版本时, 他似乎在随笔《论自命不凡》("On Presumption")的一张散页上写了一份撤回声明。其中他称玛丽·德·古尔内(Marie de Gournay)是一位真正的朋友。

古尔内在1584年第一次读到蒙田的《随笔集》, 但直到1588年,

---

1 La Boétie, *Discourse on Voluntary Servitude*, in Montaigne, *Selected Essays*, pp. 286, 289.
2 Appendix II: The Twenty-Nine Sonnets, trans. Randolph Paul Runyon, in *Freedom over Servitude*, pp. 224–235.
3 Montaigne, "Friendship," p. 77. (译文引自《蒙田随笔》, 第59页。——译者注)

也就是蒙田去世前四年才见到他。她比他年轻将近40岁，却向他表达了希望（正如撤回声明所宣称的那样），希望她"有一天能够得到最美妙的东西，其中包括最神圣的友谊的完美，我们从未读到女性也可以做到这一点"。[1] 蒙田去世时，是古尔内为他的随笔准备了新版；它们于1595年出版，同时出版的还有撤回声明，一些学者认为这是她写的。对我们来说，更重要的一点是，她仍然坚持将一名女性视为"另一个自己"的理想。在她为他的新版《随笔集》写的序言中，她声称自己与蒙田的友谊可以和他与拉博埃西的友谊相媲美，宣称她"独自拥有对那个伟大灵魂的完美知识"，并夸耀蒙田认为她的思想"与他自己相似"。"友谊，"她附和蒙田说，"是一种双重生活：成为朋友就是成为[自己]两次。"[2]

镜像

对于古希腊的阿里斯托芬来说，自我的"双重性"是神所要求的；对于中世纪思想家埃尔雷德来说，这是基督的灵的注入的结果；对于生活在漫长的宗教战争世纪的蒙田来说，它是由"我不知道的什么无法解释和命中注定的力量"[3] 所传达的。这样的解释对于17、18世纪的启蒙思想家来说是无法接受的。他们想成为研究道德、社会和政治生活的科学家。

这是苏格兰哲学家大卫·休谟在研究我们与他人共鸣的能力时

1　Montaigne, "Being Presumptuous," in *Selected Essays*, p. 175.
2　Montaigne, *Les essais* [1595 edn], cd. Denis Bjaï, Bénédicte Boudou, Jean Céard, and Isabelle Pantin (Paris, 2001), pp. 25, 31, 43, 48.
3　Montaigne, "Friendship," p. 79.

提出的观点。受牛顿发现物质世界规律的启发,休谟终其一生都在研究人性的规律。和其他科学家一样,他在做实验。休谟做的是思想的实验,处理的是抽象的概念。伽利略和牛顿推翻了亚里士多德的运动定律,与亚里士多德不同,他们假设完全光滑的球可以在完全平坦的表面上永远滚动,尽管这样的球和表面在现实生活中并不存在。休谟假设的"人类心灵"也被简化了,简化到它最基本的元素,并且可以从任何特定的背景中抽取出来。

万有引力定律认为所有由质量组成的物体都相互吸引,同样,休谟也发现了一种原理——他称之为同情——它使我们能够感受别人的思想情感,即使他们的情感与我们自己的情感相去甚远。我们通过别人的面部表情、行为举止、姿势来了解他们的感受;我们"抓住"他们的感受,并且亲自体会他们的感受。当人们离我们很远,在举止和道德上与我们截然不同时,我们的同情就像相同情形下的重力一样微乎其微。然而,当我们和与我们非常相似的人在一起时,同情的效果非常强大。当我们靠近我们亲爱的人时,我们"以最强烈、最主动的方式"感受到他们的感情(2.1.11.6)。[1] 一个善良、仁慈的人能够"注意到他的朋友关心的最小的事情"。休谟以自己为例:"我的内心就感受到了[和我朋友]同样的热情,并被这些热烈的情感所温暖。"这种感觉令人愉快,"一定会使我对这些朋友油然生出一种感情"。当这种快乐像休谟和他的朋友那样强烈时,它就是"爱的本身"(3.3.3.5)。[2]

---

1 David Hume, *A Treatise of Human Nature,* ed. David Fate Norton and Mary J. Norton (Oxford, 2001). 引用以卷号、章号、节号和段号标注。(译文引自《人性论·下》,休谟著,关文运译,北京:商务印书馆,2011年,第319页。——译者注)
2 译文引自《人性论·下》,第605页。——译者注

换言之，同情（这与今天使用的术语"同情"完全不同）创造了一种志同道合的连续体。一方面，在彼此不认识，也不太相似的人群中，它比较微弱；另一方面，在我们周围和相似的人群中，它非常强烈。但并不是我们熟悉的每个人都能激起我们的爱。恰恰相反，是他们的"德行、知识、机智、见识和风趣"，以及其他令人钦佩的品质，如美丽，引起了我们的"爱和尊重"（2.2.1.4）。[1] 在普遍意义上，总会有另一个人就是另一个自己的感觉。它是爱的必要**背景**。但是，如果对方没有可爱的品质，这就不是爱。

爱可以单独存在，但就像活跃的自由基分子一样，它常常与其他情感结合在一起。通常，它与"仁"这个词连在一起——这个词对西塞罗来说非常重要。有时它还与"繁衍后代的身体欲望"——性结合在一起（2.2.11.1）。不言而喻，由于这些林林总总的情感而聚集在一起的人们非常志同道合。休谟提供了一个科学理论来解释奥德修斯的幸福婚姻。

今天，科学继续研究"同情"。最初，这个词指观众将自己的感受投射到艺术作品上的倾向，但是后来心理学家和精神病学家用"同情"来指感受他人感受的能力。1991年，意大利帕尔马的神经心理学家在猴子身上发现了"镜像神经元"——当猴子做出手势或仅仅在**观察**其他猴子做出相同动作时，神经元都会被激活。尽管镜像神经元最初只与运动技能的镜像有关，一些科学家认为，镜像神经元也与共情有关。神经心理学家马可·亚科波尼（Marco Iacoboni）报告说，各种研究表明，"镜像神经元区域、脑岛和杏仁核[大脑的区

---

1 译文引自《人性论·下》，第362页。——译者注

域]在观察和模仿面部情绪表情时都被激活, 并且在模仿过程中更为活跃"。[1] 心理学家简·罗斯托斯基 (Jan Rostowski) 提出了更为崇高的主张, 他断言镜像神经元"发挥着非常重要的作用, 特别是在基于爱的亲密人际关系中"。而且, 他似乎已经找到了涅斯托尔与奥德修斯志同道合的科学依据, 他继续说道:"他们帮助人们确信, 在这些复杂的人际关系中能坚持下来, 确实是……共同完成事业的原因。"[2]

但是毕竟, 对另一个自我的幻想基于**寻找**一个志同道合的人, 而不是基于感受另外一个人的感受。如果当我们看到别人的意图和情绪时, 镜像神经元会兴奋, 那么, 阻挡我们爱上几乎所有人的, 又是什么呢? 爱的镜像神经元理论认为, 神经元最先被激活的伴侣会在情感和意图上呈现出他或她所爱的人的色彩。这是更糟糕的事情。爱的不平等可能被建构在人类的硬件线路中。

共枕

19世纪中叶之前, 同性友谊可以是"浪漫的", 但不会被称为"同性恋", 即使性在其中扮演了角色。17世纪, 约翰·芬奇 (John Finch) 和托马斯·贝恩斯 (Thomas Baines) 的墓志铭充满深情和敬意地写道:"生时相遇, 死后不离。"[3] 芬奇和贝恩斯所拥有的那

1　Marco Iacoboni, "The Human Mirror System and its Role in Imitation and Empathy," in *The Primate Mind: Built to Connect with Other Minds*, ed. Pier Francesco Ferrari et al. (Cambridge, 2012), p. 42.
2　Jan Rostowski, "Selected Aspects of the Neuropsychology of Love," *Acta Neuropsychologica* 7/4 (2009): 240.
3　Alan Bray, *The Friend* (Chicago, 2003), p. 1.

种关系——一半是友谊（也许是情爱的），一半是兄弟情谊——在19世纪早期的美国相当普遍。曾任美国国务卿的丹尼尔·韦伯斯特（Daniel Webster）在年轻时认为詹姆斯·赫维·宾厄姆（James Hervey Bingham）是"我心中唯一的朋友，和我分享快乐、共担悲伤的伙伴，我最隐秘思想的唯一参与者"。他显然读过西塞罗和蒙田的作品。他那个时代的一些男人透露出更为亲密的关系。艾伯特·多德（Albert Dodd）描述了他和他的朋友安东尼·哈尔西（Anthony Halsey）经常共用一个枕头："和他一起睡觉是多么甜蜜，把他抱在怀里，让他的手臂环绕着我的脖子，在他的脸上留下甜蜜的吻！"他并不感到尴尬；这不是一种"奇怪的"关系，相反，对他这个阶层的男人来说，这是一种正常的关系。它将他们的童年经历（因为兄弟经常睡一张床）和我们可以称为对女孩或年轻女人的"早恋"无缝地融合在一起。典型情形是，他们一边向"知心好友"讲述他们痴迷的女人，一边像韦伯斯特一样，想象着仍然可以和对方一起厮混："你的床刚好够宽，我们能去同一个酒吧。和以前一样，我们还是一对快乐的单身汉。"[1]

韦伯斯特从未越过"友谊的伟大理想和暗示鸡奸的悄悄话之间的界限"。[2]对他来说，边界是性，在今天的一些情感共同体，这仍然是致命的。在小说和电影《断背山》中，在一个漫长的夏天，两个习惯了穷困生活的年轻人在放羊时相遇了。他们一起聊天、一起吃饭，"尊重

1　Quoted in E. Anthony Rotundo, "Romantic Friendship: Male Intimacy and Middle-Class Youth in the Northern United States, 1800–1900," *Journal of Social History* 23/1 (1989): 1–25.
2　Laura Gowing, Michael Hunter, and Miri Rubin, eds, *Love, Friendship and Faith in Europe, 1300–1800* (Basingstoke, 2005), p. 3.

第一章　志同道合

彼此的意见，彼此都很高兴能有一个意料之外的同伴"。[1] 渐渐地，他们变成了（就像前现代理论家所说的）拥有同一个灵魂的双身子，并且很快不止于此："他们从来没有谈论过性，就让它发生吧。"沉默使它变得易于接受。"我不是什么怪人。"其中一个说；"我也不是。"另一个说。他们一生中断断续续地在一起，直到其中一人被棍棒打死。他们互称"朋友"。去掉标签，我们可以说他们彼此相爱。他们"合二为一"。但是，他们各自都结了婚，有了孩子。

韦伯斯特也是如此。不同之处在于：韦伯斯特和他的大多数男性同龄人一样，毫无遗憾地放弃了他充满激情的同性友谊。事实上，韦伯斯特可能已经预料到了这一点，因为即使他渴望与宾厄姆分享他的生活，他也发现他们愉快的谈话"几乎是幼稚的"。[2]

然而，在韦伯斯特的时代，放弃一段"幼稚"的友谊对女性来说并非如此。想想莎拉·巴特勒·威斯特（Sarah Butler Wister）和珍妮·菲尔德·默斯格罗夫（Jeannie Field Musgrove），她们十几岁时相识，此后一直保持着亲密关系。当迫于外界环境不得不分开时，她们给对方写了充满激情的信。"（下个星期）我将孤身一人，"莎拉写道，"我无法想象我有多渴望你。"珍妮写的一封信是这样开头的："亲爱的莎拉！我多么爱你，我多么幸福！你是我生命中的快乐。"她们彼此都希望对方在任何时候都祝福自己，但是，她们有时候需要保证。正如珍妮所写："我希望你在你的下一封信中告诉我，向我保证，我是你最亲爱的人……我渴望听到你再说一遍……所以，用四

1　Annie Proulx, *Brokeback Mountain* (New York, 1997), pp. 12, 15, 53.
2　Rotundo, "Romantic Friendship," p. 15.

分之一页纸来书写你的爱意。"[1] 历史学家卡罗尔·史密斯–罗森博格（Carroll Smith-Rosenberg）研究了许多像莎拉和珍妮这样的女性。尽管她们都是中产阶级出身，但代表了不同的背景和地理区域。几乎所有人最终都成了妻子和母亲，但她们还是向其他女性寻求现实和情感的支持，从而顺利地从童年家庭的生活过渡到婚姻家庭的生活。她们并没有在成年后放弃亲密的友谊。

但在21世纪，对自主的渴望可能会超过寻找"第二个自己"的快乐。在埃琳娜·费兰特（Elena Ferrante）的那不勒斯小说中，莱农和莉拉是20世纪50年代一个贫困社区的童年女友，她们直到成年时期仍然是好朋友。故事是由莱农叙述的，她现在六十多岁了。故事以一系列幼稚的冒险开始，莉拉先做了一些危险的事情，莱农也跟着"心跳"了起来。但是，当莉拉牵着莱农的手开始她们最可怕的冒险时，"这个姿势永远地改变了我们之间的一切"。[2] 这两个人变得不可分割却又相互敌对，她们在大大小小的方面都互相竞争。莉拉用她的才华和大胆羞辱莱农；莱农钦佩莉拉，努力地追赶着莉拉。两个女孩同时对对方又爱又恨。两人成年后，莉拉委托莱农保管了一盒她的私人文件。莱农阅读了它们（尽管这是严格禁止的），背诵了其中的一些段落，并且即使"感觉受到欺骗"，也要欣赏它们。最后，她"无法忍受莉拉在我身上、在我心里的感觉"，只好把盒子扔进了阿诺河。这里确实有两个灵魂的交融，但对叙述者来说，这是无法忍受的。

1　Carroll Smith-Rosenberg, "The Female World of Love and Ritual: Relations between Women in Nineteenth-Century America," *Signs* 1/1 (1975): 1-29, at n. 4

2　Elena Ferrante, *My Brilliant Friend*, trans. Ann Goldstein (New York, 2012), pp. 1, 18.

*

在《醍醐灌顶》中，埃米·杰利科想象她和桑迪是最好的朋友。"朋友"，她的画外音说，是"真正了解你的人，他能看到你的每一面，甚至可以向你展示你的自我……你找到你的同类了"。这是"另一个自己"的幻想。当埃米和桑迪在机场相遇时，她们紧紧地拥抱在一起，手舞足蹈，就像阿里斯托芬笔下的原始人类一样。但是，在这一集的最后，埃米向桑迪承认："你几乎不了解我……有些关于我的事情你永远不会知道，就像有些关于你的事情我永远也不会知道一样。"

在《荷马史诗》中，志同道合的思想与合办事业有关：军事战略、经营家庭。就像两个二重唱的音乐家，朋友和配偶扮演各自的角色，但结果是和谐的。在柏拉图的著作中，权力的问题是如此的清晰，以至于他更倾向于把完美的融合作为一个神话来呈现。但在亚里士多德那里，它又回到了一个实际的问题，尽管这个问题罕见而奇妙：朋友首先是另一个自己，因为他们一起发展了他们作为理性人的能力——这是亚里士多德对美德的定义。

尽管美德的观念很快被基督教化了，这为蒙田之前的时代寻找"另一个自己"设定了条件。后来，像爱洛伊丝这样的人对"性格和所关心的事情的相似性"的后果也有自己非常个人的看法。但是，当在休谟和后来的作品中基督教对美德的定义从许多人的图景中消失时，"另一个自己"的幻想必须找到新的锚点。镜像神经元曾经（并且现在也）似乎使志同道合成为一种天性。终于，男女平等了。从极端的角度来看，镜像似乎是一种概括，它意味着所有一切——一个人的行动、意图、目标和情绪——他者都会感受到。但是，他者的"自我"会发生什么？即使是为与拉博埃西构成"双身子灵魂"而感到高兴的蒙田也有怀疑，他以朋友的作品作为掩护表达了这种怀疑。

　　无论如何，镜像神经元只是我们心理的一部分，而且，作为任性的人类，我们经常拒绝遵循即使看似科学的大脑通路规律。一位在阿富汗因炸弹失去双腿的出租车司机说，许多人嘲笑他：他们并不觉得自己失去了双腿（即使当他们看到他时神经元可能会被激活），相反，他们很想带着嘲讽对他指指点点。[1] 在《醍醐灌顶》中，埃米很快只是假装和桑迪意见一致；到最后，她承认这是一场做戏。

　　阿里斯托芬的神话流传至今，尤其是在神秘学的"双生火焰"的伪装下——相信"在宇宙被创造的时候，我们每个人都有双生火焰，我们与他们共享同一种能量"。[2] 志同道合的幻想已经从最初在共同事业里有限的和谐一致的感觉中被连根拔起。柏拉图曾短暂地视之为一种平等主义的理想，将所有性别的公民团结起来，但很快就（在很大程度上）变成了罗马和基督教圈子里"老男孩俱乐部"的特权。休谟将其普遍化为"同情"，一些科学家将其普遍化为同理心，这种现象一直持续到今天。考虑到它的历史，我们可能希望重新审视它。那么，到底什么样的志同道合是我们讨论的或者我们想要的呢？

1　David Zucchino and Fatima Faizi, "After Losing His Legs to a Bomb, Afghan Veteran Is on a New Journey," *New York Times* (January 26, 2020), at nyti.ms/3okgbsv.
2　Kate Rose, *You Only Fall in Love Three Times: The Secret Search for Our Twin Flame* (New York, 2020), p. 140.

第二章
超越尘世

1967年在公告牌R&B排行榜高居榜首的歌曲是杰基·威尔逊（Jackie Wilson）的《（你的爱一直令我飞升）越来越高》["（Your Love Keeps Lifting Me）Higher and Higher"]，这首歌表达了爱之鼓舞作用。越来越高，越来越高——随着威尔逊演唱着这些词语，他的声音也越来越高亢，甚至升到了最高的假音音域。通常情况下，人声无法企及这样的高音。[1]

但是为什么越来越高呢？为什么爱不是使我们脚踏实地、扎根地面呢？

我将这种思想称为爱之"超越幻想"。这种理念认为，"真爱"会使我们超凡脱俗。在马克·夏加尔（Marc Chagall）的《生日》（*The Birthday*, 1915）中，两位恋人（实际上是夏加尔和他的未婚妻贝拉）从一个简朴公寓的红色地板飞升而起，并且在狂喜中激吻。贝

---

1 Jackie Wilson, "(Your Love Keeps Lifting Me) Higher and…". Lyrics by Raynard Miner, Billy Davis, and Gary Jackson, 1967 © Sony/ATV Music Publishing LLC, Warner Chappell Music, Inc., at bit.ly/31dL1c3. Youtube video at bit.ly/36wVNdq. For background, see Wikipedia entry at bit.ly/31PYJ4S.

拉嫁给画家之后，描述了这一光彩夺目的时刻："你翱翔至天花板……我们共同飞越屋顶，不断飞翔——尽管房间如此优雅华丽。透过窗棂，一片云朵、一方蓝天召唤着我们。垂悬的明亮墙壁围着我们旋转。我们飞跃花田，飞跃门窗紧闭的房子，飞跃屋顶，飞跃庭院，飞跃教堂。"[1]

身体之外

爱可以超越凡俗，使我们脱离尘世。一个普通的房间可以成为一对激情的恋人飞跃其边界的背景。

然而，在柏拉图的《会饮》中，尽管哲学家展示了爱如何超越、爱为何超越，但威尔逊和夏加尔称颂的这种超越仍遭到了贬低。这种超越仅仅是一个起点——通向更美好、更高远的世界的起点。所以就这一点而言，超越人类之爱的爱，是西方思想和传统的落脚之处。

更准确地说，柏拉图在《会饮》中没有明确表述。他的老师苏格拉底也不是主要人物。苏格拉底让狄奥提玛（Diotima）作为传声筒，表达了自己的观点。苏格拉底声称狄奥提玛就这一问题指导了他。这个问题很复杂、很深奥，她不确定他能不能真正理解。狄奥提玛否认了厄洛斯是神——其他发言者都认为厄洛斯是神；狄奥提玛认为厄洛斯应当是精灵、是灵魂，是一种介于人与神之间的中间力量。厄洛斯的母亲是匮乏，她永远贫乏；厄洛斯的父亲是丰饶。所以，厄洛斯永远像母亲一样在努力获得他所需要的东西——包括智慧、美、"善"，也永远像父亲一样，总能找到巧妙的办法来获得这些

---

1 Bella Chagall, *First Encounter*, trans. Barbara Bray (New York, 1983), p. 228.

东西。当人们"爱"时，实际上意味着他们受到厄洛斯的驱使，希望"自己要永远地得到优秀的东西"（206a）。[1] 这是凡人奔赴不朽的唯一方式。他们"生育"的是他们所渴求的善。狄奥提玛认为，爱的目的是"在美的东西面前生育！身体方面如此，灵魂方面也是如此"（206b）。[2] 柏拉图在这里用于表示"美"的词汇是 *kalon*，这个词包括了兼具形体美和伦理美的所有事物。仅仅爱，就可以使人类拥有"*永恒之美*"的可能。因为孩子，"有死的东西不死"（207a）。[3]

狄奥提玛接着陈述。她谈论的"孩子"并不是人们通常所说的孩子。她说每个人都是孕育状态，也就是说，每个人都将生育。可是如果想使孕育成为生育，他们必须去爱。处于"身体"孕育状态的男人将爱上一位女人，生育一个男孩或者女孩。然而，狄奥提玛接着说，这并不是获得灵魂永生的最佳途径。孩子可能生病，也可能夭折。即使他们顺利活着，他们自己可能不一定会生育更多的孩子。

这样的观点从一个女人的口中说出，未免有些奇特。在古希腊，女人的领地在家庭，她主要的角色是生育孩子。但是这位虚构的女人很特别：她是一位女祭司，因此，她必须弃绝"性"，弃绝身体的生育。这也是合理的，因为她拥有比生育肉体凡胎更好的办法。她认为，有的孩子是灵魂的产物。他们灵魂的孕育之物（而非身体的孕育之物）会寻找"美好、高贵又曼妙的灵魂"，这样的灵魂会令他们"大谈特谈德行"（209b—c）。[4] 狄奥提玛的脑海中似乎有雅典式的爱人——对

1　Plato, *Symposium*, trans. Alexander Nehamas and Paul Woodruff (Indianapolis, 1989). 引用以节号标注。（译文引自《会饮》，第53页。——译者注）
2　译文引自《会饮》，第53页。——译者注
3　同上书，第54页。——译者注
4　同上书，第58页。——译者注

他年轻的爱人具有道德塑形的责任。即使"大谈特谈德行"有时候不一定可靠,它仍然比生儿育女更好,因为思想近乎永恒不朽。

所以,爱者不会止步于一个美好的灵魂,因为美好的灵魂总是属于另外一个人。他们会意识到,他们必须跟随上升的道路,攀登"爱的阶梯"。自然而然,他们必须迈向第一级台阶,即对美好身体的爱。但是,美好的身体总是相似的,所以他们很快会迈向第二级台阶。柏拉图否定了个体的区别,无论是天性的区别还是性格的区别。采取这样的视角,就如同从月亮俯瞰人类。这正是柏拉图意图去做的事情。

因为爱者必须攀登,远远攀登至具象化的美之外的世界,在这里,他们将会发现法律,发现知识,发现一切在道德层面有价值的东西。"身体—灵魂—法律—理念"的阶梯代表了爱的正确次序,但是如果爱者希望抵达他们最终的目标,希望看到无比奇妙的美本身,他们必须把之前的一切全部丢弃。这美本身"永远**存在**,不会生成,不会毁坏,不会增加,不会减少……也不在别的什么地方,比如动物身上、地上、天上又或者其他什么上面。它永远是它自己且合乎它自己,永远与它自己在一起,模样永远是唯一的"(211a—b)。[1] 最终,爱者与其终极的被爱者"在一起"(柏拉图在此处使用了一个同时含有同房之意的表达);通过与它"在一起",他们产生了"真实的德行"(212a)。于是,爱从人类的层面——包括他或者她所有的不完美、所有转瞬即逝的美以及死亡之必然性——抵达了"美好的东西本身,纯粹、清晰,一点都没有掺杂,不带有人的皮肉或是其他有死的没什

1　译文引自《会饮》,第60页。——译者注

么用的东西"（211e）。[1]如果真有不朽之人，狄奥提玛总结道，那便是沿着爱的路径抵达这般高度的爱者。

狄奥提玛怎么可以指出"有死的没什么用的东西"呢？这样的措辞，着实有些强烈。实际上，在古代社会中，早夭是一个无法解决的问题，所以，当时人们认为，人人都应当结婚，为人口增加作出贡献。生育拥有血肉之躯的孩子是一项卓越非凡、备受赞誉的成就。当然，一个人应当践行自律，不可沉湎于性活动。医生认为，过多的性活动会削弱人的精力。但是没有人应当拒绝婚床。生儿育女是必要的，不论生育的过程是否伴随着爱的欢愉。狄奥提玛反对的，是当时人们的普遍观点。

*

柏拉图时代过去将近一千年之后，生育的必要性仍然真实存在。彼时，罗马帝国已占领地中海沿岸，其影响遍及四方。如同古代希腊一样，那里视婚姻和生育为必要的社会责任。尽管婚姻通常因非情感缘由缔结，人们仍然希望婚姻稳定、幸福、和谐、平静——以及，是的，充满爱意。以下是诗人卢克莱修（Titus Lucretius Carus）描述的哀悼者的语句。此时，哀悼者聚在一起，回忆着一个家庭中最近去世的男主人：

> 现在将再也没有快乐的家庭

1　译文引自《会饮》，第61页。——译者注

和世界上最好的妻子来欢迎你,

再没有可爱的孩子奔过来争夺你的抱吻,

再没有无声的兴奋来触动你的心。[1]

这一定是非常典型的情感,所以才足以成为卢克莱修嘲讽的对象。他指出,一个死去的人感觉不到任何事物。

　　到公元3世纪,基督教已经对社会产生了重要的影响。基督教并没有将古代的价值观完全颠覆,而是以更高、完全超越性的爱将它们替代——尽管这种爱与狄奥提玛所承诺的并不相同。实际上,基督取代了狄奥提玛的厄洛斯,因为在基督教的思想中,爱者通过基督的力量上升至不朽。

　　最初,迫害时有发生,在这种情形之下,很多基督徒将殉难视为通往基督的阶梯、获得永生的方式。殉难的超越可能在圣佩蓓图(Saint Perpetua)的例子中可见一斑。大约公元200年,作为一位年轻的母亲、一位新近皈依基督教的教徒,圣佩蓓图在皇权的控制之下被抓捕。在等待处决的过程中,她写下了自己的经历。她的父亲来监狱探望她,他充满绝望地试图说服她公开认错:"想想你的兄弟,想想你的母亲、你母亲的姐妹,想想你的儿子[一个尚在襁褓之中的婴儿],他将无法同你一起生活。"[2]但是,圣佩蓓图的目光凝望着天堂。实际上,她已经看到了自己的阶梯,尽管(与狄奥提玛的阶梯不同)

1　Lucretius, *De rerum natura*, 3.894-896, in *Lucretius: On the Nature of Things*, trans. Martin Ferguson Smith (Indianapolis, 2001), p. 91. (译文引自《物性论》,卢克莱修著,方书春译,北京: 商务印书馆,2011年,第194页。——译者注)

2　Thomas J. Heffernan, ed. and trans., *The Passion of Perpetua and Felicity* (Oxford, 2012), pp. 127, 128, 130, 133.

她的阶梯狭窄，两侧布满了锋利的"刀剑、长矛、钩戟、匕首和短剑，因此，如果有人在爬升时心不在焉，或者没有向上凝望，他将粉身碎骨，他的肉体将被挂在铁制武器之上"。圣佩蓓图"向上凝望"，事实上，她"以耶稣基督之名"向上爬升。在顶端（据她所言），她看到了"一座巨大的花园，一个白发男人……穿着牧羊人的衣服，一个身材魁梧、正在挤羊奶的男人"。这就是基督，他白色的头发与《启示录》1：13—14相呼应："有一位好像人子……他的头与发皆白，如白羊毛，如雪"。他给了她一些美味的奶酪，几千位戴着白头巾的人迎接着她。这一异象之后，"如同上帝指示一般"，圣佩蓓图记录道，她的孩子不再需要哺乳，她可以不考虑这件事情了。

有天使们"上去下来"的雅各的天梯（《创世记》28：12）与狄奥提玛的爱之阶梯交融在圣佩蓓图的异象之中。在圣佩蓓图所见的异象中，新出现的是上升途中所伴随的令人备受折磨的情感痛苦。其结果是一种凶险但最终令人狂喜的爬升。雅各的天梯不需要额外的努力，天使可以毫不费力地上上下下。与之相似的是，狄奥提玛假定的爬梯的爱者毫无困难便将最初"漂亮的身体"和其他尘世的存在置之脑后。圣佩蓓图的上升却并不轻松自如。阶梯上锋利的器具象征着她身体与精神所承受的痛苦——尽管她一直在向上凝视。

圣佩蓓图理解的是，她所超越的不仅是她的家庭、她母亲的身份（对于罗马主妇而言，这一身份至关重要），更是她的性别：在异象中，她看到自己在一个竞技场，野兽即将把她撕裂，"我被剥去衣服，变成了一个男人"。作为一个男人，她不得不和"某个看起来蠢笨的埃及人"搏斗。在她打败她的对手之后，罗马人群将她视为胜利者，热情地迎接她，"然后我开始迈着胜利的脚步，走向生命之门"。接着，她醒来了。但是，这位不知姓名的同时代人在将她的"日记"合并入她的殉难记录，看到其性别转换的幻想时，一定感到很不舒适。因为，他记录道，当她的殉难日来临之时，所有的囚徒欢快地走向竞技场，"圣佩蓓图跟随着，神采奕奕、脚步沉稳，仿佛耶稣的妻子，上帝最亲爱的人"。

　　一代人之后，基督教开始渗入帝国的各个角落，迫害也开始停止，一种新的殉难方式出现了：童贞。即使在早期的基督教中，这也是一种反常的殉难方式。基督教从来无法全然否定物质世界的存在，否定人类的身体，因为，基督教的理念基于肉体之中的神性，基于非常关心一场凡人婚礼以至于变水为酒的上帝，基于告诉自己的信徒餐桌上的面包和葡萄酒是他的身体和血液的上帝。但是，基督也在十字架上承受过痛苦，渐渐地，肉体的自我弃绝被（至少被有影响力的神职人员和他们的信众）视为实践基督教生活的最好方式。早期基督教希腊教会神学家、《圣经》学家奥利金（Origen）非常熟悉柏拉图的《会饮》，他本身也是一位柏拉图主义者。但是，他对《会饮》关于厄洛斯的讨论有诸多嘲讽，他指出，这场讨论在饕餮大餐和尽情饮酒中举行。在对《圣经》的《雅歌》的注释中，奥利金将肉体之爱与属灵之爱相分离，他完全跳过了狄奥提玛的第一个阶梯。"内在之人"，他的灵魂并不在这个世界之中，尽管他的身体着陆于尘世，他的灵魂在爱的引导之下，"从地面升至天堂的高度"。[1] 内在之人不是那种"急切地奔向肉体之罪恶、奔向不轨之险地"的人。奥利金和很多其他人将童贞理解为联结天堂与尘世的纽带。狄奥提玛的第一个阶梯是对

1　Origen, *The Song of Songs: Commentary and Homilies*, trans. R. P. Lawson (Westminster, MD, 1957), pp. 24, 270.

美丽身体的爱，这对这些基督教徒来说比一个错误更加糟糕："如果你热爱身体，你就不会获得灵魂之爱。"像奥利金这样的基督徒，不可能因为与另外一个人充满狂喜的吻而在城市上空飞扬。无怪乎他以属灵的方式注释了《雅歌》：就像犹太注释家认为它是上帝和以色列人的对话一样，奥利金认为它是基督与其教会的爱的二重唱，是道与人类灵魂的爱的二重唱。

到了4世纪末，基督教成了罗马帝国国教，自我牺牲的殉道者开始失去实际意义。但是，沿着基督充满痛苦的足迹而行的冲动，引起了新的关于祷告和清贫生活的宗教运动。首先是隐修者（他们独自生活，或者几乎独自生活），接着是修士（他们共同居住）。修道院的治理遵循各种各样的规则和习俗。在西方，公元800年之后，圣本笃会规（The Rule of St. Benedict）被广泛应用，它提供了一个框架性的结构，每一个修道院都对它进行解读，从而使它符合自己的需求、使命和渴望。考虑到中世纪欧洲修道院至高无上的威望和权力，圣本笃会规可能几乎成了中世纪欧洲整体文明的标准。因此，很重要的是：尽管在准则中，爱的超越可能性不是非常明显，它们却一直存在着。我们在"谦卑"的标题之下发现了它们，这一标题是由《圣经》的如下断言所激发的灵感（这一断言完全改变了常识）："凡自高的，必降为卑；自卑的，必升为高。"（《路加福音》18：14）"所以，兄弟们，"圣本笃这样写道，"如果我们想……快速抵达如天堂一般的喜悦——我们在此生通过谦卑上升，通往这种喜悦……我们必须举起雅各梦中出现的天梯。"（7.5—6）[1]修士和修女攀登天梯的方式是

1　Bruce L. Venarde, ed. and trans., *The Rule of Saint Benedict* (Cambridge, 2011). 引用以章号和行号标注。

不断地否定自己的意志；取而代之的，是他们对准则的遵循、对修道院院长（修道院的上级）的顺从以及对上帝的臣服。在圣本笃的笔下，驱动这种上升情绪的（起初）不是爱，而是恐惧。在基督教的设想中，当亚当和夏娃被逐出伊甸园之时，人类背弃了对上帝的爱。因此，上升中的修士和修女起初非常惧怕上帝的愤怒。但是当他们沿着阶梯上升时，其他情感会加入惧怕之中——痛苦、希望、内疚、低自尊，直到最后，当他们到达顶峰时，它们会抵达"上帝的爱与慈悲，'爱既完全，就把惧怕除去'"（《约翰一书》4: 18）。现在，所有最初因惧怕而呈现的顺从都"毫不费力"地实现了，"仿佛原本就有这样的习惯，不再因为对地狱的恐惧，而是因为对基督的爱"（7.67—69）。人们期待僧侣作出情感的转变。

神圣之爱

在圣本笃会规中，"对基督的爱"与情爱截然对立。西多会是本笃会的一个分支，但作为一个独立的修会在12世纪及以后蓬勃发展。它最早将宗教之爱注入身体的炽热与汹涌的流动中。他们使通往上帝的上升成为一种情爱的体验。毋庸置疑，这一点与西多会摒弃了当时广为盛行的"奉献"习俗有关，这一习俗是指父母将孩子献给修道生活。相比之下，西多会士在进入该修会的众多修道院时已经成年，他们对世事、情爱的诱惑和可能性都有一定的了解。他们了解情爱，了解炽热的激情，也了解痴心一片的情感与文学，这是第四章的主题。

西多会修道院院长圣伯纳德（Saint Bernard）是当时一位富有

影响力的人物，他在解释《圣经》中的《雅歌》时，用它来庆祝此世之外的世界的喜悦，庆祝感官的快乐。《雅歌》赞美了上帝与灵魂之间的爱，他从这一点出发，为灵魂赋予了肉体的种种情感——渴望的情感、向往的情感。

正如准则中所呈现的，熄了火的灵魂最初被恐惧这把钥匙点火发动，它克服了对自身和尘世的错误的爱。它渴求《雅歌》第一行中的承诺："愿他用口与我亲嘴！"（《雅歌》1：2）[1]但伯纳德斥责道：没有这么快！尽管你是《雅歌》中的"新娘"，但你才刚刚出发，不能抱有这么高的期望。狄奥蓓玛的梯子要求在一系列的顿悟中把握美的本质；圣佩蓓图的梯子充满危险，它需要对目标全神贯注；伯纳德的上升与这两者都是相反的，它与圣本笃会规保持一致，要求自我屈辱。你实际上是从底层开始，为了新郎的亲吻，你需要准备好苦涩的眼泪、深深的叹气和悔恨的抽泣，然后"匍匐在地，捧着[基督的]脚，以亲吻抚慰之，以泪水滴洒之，不是洗涤它们，而是洗涤你自己……但是即使这时，你仍然不敢抬起满是羞愧和悲伤的面庞，直到你听到如下句子：'你的罪赦免了'（《路加福音》7：48）"（1.17）。但是仍然有很多事情需要去做：你必须做好事、继续爬升，才能亲吻基督的手（还不能得到嘴唇的亲吻）。最后，你终于做好准备，获得"无限的喜悦"：亲吻嘴唇——这一刻，上帝向灵魂显现（1.20）。

因此，对超越性的追求不适合虚弱的心灵。但是，它的结果是充满喜悦的丰饶。"嘴唇之吻"是那么有力量，"新娘刚刚得到嘴唇之吻，她马上怀孕了，她的胸部因怀孕的硕果变得丰满"。伯纳德提醒他的

1　Bernard of Clairvaux, *On the Song of Songs*, trans. Kilian Walsh, vols. 1 and 2 (Kalamazoo, MI, 1971, 1976). 引用以卷号和页码标注。《圣经》引文出自此版本。

同修他们时不时会有这样的经历：当他们带着一种灵魂的干渴走近圣坛时，他们能够感受到上帝的恩典浇灌着他们"干涸、冷淡的"心灵。与"感官激情"那苍白的快乐相比，这样的心灵产生的"甜美丰饶的牛奶"更为绝妙、更为持久，"感官激情"最终将不可避免地走向死亡（1.58、1.60）。

即便如此，亲吻、怀孕、丰满的胸部都不过是最终目标的序幕，因为新郎现在将灵魂引入了他的卧室。伯纳德自己"有时得以快乐地进入[这卧室]。唉！时光多么稀少，停留多么短暂！"（2.38）。只有在天堂中，这样的喜悦才是永恒的。

《雅歌》唤起了芳香之油、锦簇之花、甜美之味，具有真正的感官色彩，伯纳德乐于详述其中的情欲意象，因为，正如他所言，只有如此，爱上帝的人才可以不被世间肤浅却有效力的快乐所诱惑。伯纳德的上升采用了一种顺势疗法：上帝之情打败了床笫之欢。在狄奥提玛的计划中，灵魂上升，与绝对的美结合在一起，将可朽世界的一切污染留在身后；而在伯纳德的阶梯中，为了抵达上帝的卧室，甚至连尘世的芳香都可以运用。

*

像伯纳德一样的中世纪神秘主义者在受过教育的男性精英中人数众多，在受教育较少的人群中也有很大的影响力。女性神秘主义者也同样如此，其中最突出的莫过于诗人玛格丽特·波雷特（Marguerite Porete）。她写道："爱将我牵引到如此之高。"这句话听起来有点像杰基·威尔逊。但是威尔逊在谈论的是他对一个非常特别的女孩的感觉, 而玛格丽特写的是她的空虚, 她感觉的缺失。当爱女士 (Lady Love) 用她神圣的凝视使她上升时, 玛格丽特庆祝自己失去了思想和意志。[1] 她说, 灵魂通过自我的泯灭抵达上帝, 所以, 它没有变成别的事物, 而是变成了上帝。《约翰一书》4: 8 断言 "神就是爱", 而在玛格丽特的《简单灵魂的镜子》(*Mirror of Simple Souls*) 中, "灵魂" 说: "我不是任何别的什么, 我就是爱。"

波雷特是一位女修道者, 终身未婚, 保持贞洁, 很可能出身良好、学识渊博。不过, 波雷特不是修女, 她在各种机构活动, 过着极为虔诚的生活, 最后她被指控为异教徒, 于1310年被捆在柱子上烧死。她的著作原本是用法语写成的, 后来经虔诚的人们抄写、传阅, 译为拉丁语、英语和意大利语。但是, 这只是中世纪关于爱——既有人类之爱, 又有神圣之爱——的诗意宣泄中的一支细流。我们将在本章但丁的例子和第四章进一步讨论这一大传统。波雷特利用精深的新柏拉图主义哲学神学、流行的浪漫传奇和戏剧表演, 通过 "爱女士" "简单灵魂" "理性" 和其他拟人形象之间生动热闹、偶尔激烈的对话传达了自己的思想。

《镜子》中说, 最初, 在人类堕落之前, 最重要的是上帝, 灵魂的意志无非是上帝的意志。但是现在, 整体而言, 灵魂 "比无更少", 当它有了任何自己的意志时, 它就变得更加渺小。但是通过走完一条路径, 即爬升七个台阶, 灵魂可以恢复到初始的 "无", 变成 "爱, 而不是任何其他"。普通人会得到拯救; 基督和他的教会 (包括它的圣礼、祈祷和善功) 确保这一点。但是那些坚守精神生活、过着神圣生活之

---

1 Marguerite Porete, *The Mirror of Simple Souls*, trans. Ellen L. Babinsky (New York, 1993), pp. 198–199, 162, 181, 141, 134, 189, 190–191, 135, 109.

人的灵魂经历着难以言喻的更荣耀的事情:"从爱的沸腾中生长出来的花朵……我们所言的爱是爱者的结合,它是燃烧不尽的烈火。"

　　和圣佩蓓图一样,波雷特认为上升的过程令人望而生畏,但最终的抵达无比美好。上升历程的第一阶梯开始于已经超凡脱俗的灵魂,因为他们做善功,因为他们知道"世上有一个优于他们的存在"。开始时,他们"感到痛苦,感到悲伤"。有些灵魂半途而废,他们"渺小的心灵没有开始伟大事业、向上爬升的勇气,因为其中缺乏爱"。第二级阶梯的爬升需要自我克制与牺牲,甚至需要经历更艰难的考验。在这个过程中,灵魂因为所有曾经有过的"善举"而欣喜。到了第三个阶梯,灵魂必须放弃这些曾经的"善举",进一步否定自我。在第四个阶梯,危险在前方等待着灵魂,因为,在此高度,灵魂可能会专注于自己的所爱,以为自己的旅程已经结束,但实际上并没有。在这个阶梯,它仍然由自己的意志所支配,它仍然会"因为爱的丰沛而骄傲",也会被自己的成就所迷惑。它必须认识到,它什么都不是,直到"神圣的全善者从[其]胸怀播洒出神圣之光的涌流"。这是第五个阶梯。这时,灵魂消融了,与上帝成为一体。

　　这似乎是上升的顶点,但是其实它还差一点:上帝瞬间的一闪,仿佛通过"一道缝隙,如同火星一般,迅速地关闭了"。在第六阶,上帝在灵魂中看到了自身,但是灵魂没有看到自己,因为它不再拥有自我。在第七阶,虚空的灵魂一旦离开身体,就永远享有幸福的命运,它"在喜悦中游动流淌,却感受不到任何喜悦,因为[它]居住在喜悦之中,喜悦也居住在[它]之中"。在柏拉图的图景中,在圣本笃会规中,甚至在上帝的卧室中,也从未出现如此彻底涤荡不同灵魂的爱。

　　　　　　　　　　　　　　第二章　超越尘世

*

　　但是现在让我们回到地面, 年轻的但丁·阿利吉耶里在佛罗伦萨的街道瞥见了同样年轻的贝雅特丽齐, 他自言自语:"你的至福现已降临。"[1] 他后来认定, 从这一天起, "爱支配了我的灵魂"。"爱支配", 仿佛爱来自外界, 在毫不设防的一刻经由一瞥进入了他的灵魂。这种传统观念至今仍然存在, 人们常说的 "一见钟情" 即是如此。它解释了为什么在数不清的描述中, 爱神的形象都在射箭, 就如在图1所示的一个订婚珠宝箱中那样。在中世纪的光学理论中, 眼睛发射光线, "抓取" 它们的对象, 并且/或者眼睛**接收**从对象所发射的光线。在爱可以支配但丁之前, 他必须能够看到他爱的对象。

　　"当这位我心中的光彩夺目的女子第一次出现在我眼前时", 他九岁。使用 "我心中的" 来描述, 部分原因是在他于13世纪90年代写作《新生》(*New Life*)这部融合了自我探索、诗歌与哲学的杰作时, 贝雅特丽齐已经去世若干年了。而且, 她很大程度上也的确是他 "心中的" 形象。对但丁来说, 贝雅特丽齐的作用与狄奥提玛的精灵 **"厄洛斯"** 相似, 她既激起他的渴望, 也激发他的才智, 尤其是他创作卓越诗歌的才智。

　　贝雅特丽齐的确是一位真实的人物。她在十八岁左右嫁入了一个显赫的家庭, 在二十多岁时离世。(但丁自己的婚姻比贝雅特丽齐稍晚几年, 社会地位也更低一些。) 但是, 正如他在《新生》中所描

1　Dante Alighieri, *Vita Nuova*, trans. Dino S. Cervigni and Edward Vasta (Notre Dame, IN, 1995), pp. 47, 49, 51, 111.

图1："爱女士"射中了她的爱人。左边面板上，"爱女士"射出的箭射中了她的情人；右边，情人向她展示了自己受伤的心。在中世纪高峰期，新郎会将这样的珠宝箱送给他们的准新娘。虽然他们的婚姻无疑是被安排好的，而且这对新人还没有见过面，但这个珠宝箱象征着他们一见钟情的期望。

述的，她既属于这个世界，又不属于这个世界。当他第一次见到她时（她当时九岁），她穿着深红色的衣服，这种颜色令人联想到耶稣，联想到他流在十字架的鲜血。他们的第二次会面在九年之后。数字九是三乘以三，但丁通过数字九理解了三位一体。贝雅特丽齐穿着白色的衣服，这是天使的颜色。在第二次会面中，贝雅特丽齐的迎接使他感到"似乎看到了至高幸福的所有形式"。他以那一刻作为"新生命"的开始——这是他情感教育的开端。

贝雅特丽齐的迎接既是一种"问候"（salutation），也是一种

　　　　　　　　　　　　　　　第二章　超越尘世

"拯救"（salvation）（这两个词都来源于拉丁文*salus*）。但丁"如醉酒一般"，情难自禁。他回到了自己的房间。在那里，他梦到爱神出现了，爱神"欣欣然"用双手按着但丁燃烧的心灵。在爱神的臂弯中，"我的女士披着布睡着了"。但是，随后，爱神

> ……将她唤醒，他谦卑地
> 为恐惧的心灵喂养燃烧的心灵：
> 接着，我看到他哭泣着走开。

"我的女士"指贝雅特丽齐。这首诗强调此时此地的爱，它在很大程度上沿袭了但丁时代的文学传统。但丁对这首诗非常满意，将这首诗寄给了许多其他的爱情诗人。这是但丁使自己为人所知、获得评论的一种方式。这样的梦境发生在但丁通过爱上升的最初时刻。在这样的时刻，一切以但丁为中心，但丁的心灵被喂予贝雅特丽齐，正如在圣餐中，基督的身体为信徒所食。然而，与基督的身体不同的是，只有贝雅特丽齐一人品尝了但丁的心灵。这是爱的阶梯的第一级，即最低一级，此时，但丁自私地将贝雅特丽齐据为己有。

　　但是，在下一级台阶，但丁认识到，贝雅特丽齐的美德可以影响所有人。只要她在场，人们就会变得更好："当她经过之后，很多人这么说：'她不是俗世的女人，而是天堂中最美好的天使。'"现在，贝雅特丽齐是基督的化身，她使我们联想到基督。但丁同时期的圣方济各（Saint Francis）将基督理解为神圣的存在，基督将自己的爱一视同仁地倾注于麻风病人与穷苦之人、朋友与仇敌、抢劫者与小偷。

在《新生》完成之后大约十三年，但丁开始写作《神曲》（*Divine Comedy*）。在《神曲》中，他的上升是彻底的。这样的上升同样通过贝雅特丽齐的斡旋发生。贝雅特丽齐因为爱而感动，她从天堂降落以召集古代罗马诗人维吉尔，从而拯救正踏上危险道德之路的但丁，为但丁展现地狱中等待着罪人的可怖场景和在炼狱中即使获救赎之人也必须忏悔的情形。[1]

在从地狱到天堂的艰苦旅程中，每当但丁感到气馁，贝雅特丽齐的名字就足以予他激励。最终，在投入致命的地狱深渊、爬上陡峭的炼狱山峰之后，他看到了她。她来了——像基督一样，她与黎明同现。但丁仍然如孩童时一般激动："我身上的血液无一滴不颤抖，我已经能辨别这是旧情征兆。"[2] 但是现在，她如同法官一般，言辞尖刻、非常不满：她责备他，在她离世之后，尽管后来她变得更为美丽、更为善良，可但丁对她的爱有所减少，"他便掉转脚步，走上错误道路，追求伪善假象"。[3] 但丁感到无比悲伤、无比痛悔，贝雅特丽齐将他浸入一条分割炼狱与天堂的河流，给予他第二次洗礼。他与她一起上升（将维吉尔留下来），穿越了九层天。在这一进程中，但丁被改变了，他"脱俗成仙"，变得与神一般。[4] 在最后一个阶梯，但丁看到了"无穷尽的至善"，它将一切归拢。[5]

柏拉图最后的阶梯正像这样：它同样将宇宙最美的事物以一种

1　Dante Alighieri, *The Divine Comedy*, trans. Charles S. Singleton, 3 vols (Princeton, 1970-1975), Inferno Ⅱ.72.

2　译文引自《神曲·炼狱篇》，但丁著，肖天佑译，北京：商务印书馆，2021年，第527页。——译者注

3　Purgatorio XXX.46-48; 128-129.（译文引自《神曲·炼狱篇》，第535页。——译者注）

4　Paradiso I.68-69.（译文引自《神曲·天国篇》，但丁著，肖天佑译，北京：商务印书馆，2021年，第11页。——译者注）

5　Ibid., XXXIII.80-81.（译文引自《神曲·天国篇》，第627页。——译者注）

永恒的方式揭露。伯纳德和波雷特最后的时刻同样提供了融合的意象——伯纳德的例子包含了所有的感觉；波雷特沉醉于自我消泯，以纳入上帝自身的存在。但是，但丁的阶梯和其他所有人的阶梯不同，因为，但丁的阶梯从始至终都为他对贝雅特丽齐这位真实女人的爱所定义。他无法想象离开她——无论他对她的爱变得如何精神化。与柏拉图的狄奥提玛不同，他从未想象过有这样一位贝雅特丽齐，她的美与其他人的美非常相似。他也从未如伯纳德和波雷特一般，通过完全拒绝世俗之爱来开始上升。但丁的世俗之爱是他不断上升的**必要**条件。即使他比杰基·威尔逊上升得更高——至少一些人会这么说，这也并不能否认但丁同样在"万里挑一的女孩"中找到了爱的超越性意义。

现代意大利语的形成很大程度得益于但丁写作使用的语言，这足以说明他巨大的影响力。

通过生育孩子实现的超越

回到狄奥提玛所说的爱的目的是"在美之中生育"，人们可以"在身体中"或"在灵魂中"实现这一目的。她贬低了前者。她教给苏格拉底：真正不朽的永恒只能通过专注于美的完美"形式"找到，这是众神所居住的地方。古代和中世纪时期关于爱的超越性可能的传统沿袭了这一设想。这些传统帮助我们看到爱之"提升"作用的思想的复杂起源。

但是，这样的思想主要用于精英人士。柏拉图在他的学园为哲学家写作，圣佩蓓图为早期基督教徒中的一小部分重要人物写作。修士构成了圣本笃和伯纳德的读者。波雷特为"简单的灵魂"写作——

我们可以回想一下，她是多么轻视"只能"期待救赎的"普通人"。只有但丁为广泛的读者写作（他希望如此），但是，他对贝雅特丽齐的爱的经历只属于他自己。同样重要的是，所有这些上升的过程都很漫长、很艰辛。很少有人能把目光紧紧聚焦在目标上，一级一级走上台阶。

宗教改革兴起于16世纪，它既没有改变人类灵魂不朽的信仰，也没有改变上帝是获得救赎的必要前提的信念。但是，它确实否定了爱的阶梯将男人或者女人引向上帝的可能性。人们深陷于罪孽的流沙，无法自己上路。只有信仰可以将他们拽出来，而信仰是来自上帝的一份礼物；上帝仿佛伸出手来，选择他想要拯救的人。实际上，路德（Martin Luther）的革命颠覆了柏拉图式的上升：我们的爱完全依赖于上帝，我们从基督的爱**降落**到人间，才能去爱别人。

那么，爱的方向只有从上帝降落之后才能向上。此后，上帝之爱在教堂会众中得到鼓励，在家庭中最早得到践行。在宗教改革之前的千年里，奥利金、修女、修士和其他许多人对童贞的高度重视变得毫无意义。在新教地区，修道院和修女院解散了。神职人员、修士、修女像其他人一样，都会结婚。并且，人们也期待他们生育孩子，如果适当培养孩子，他们将成为父母给予他们的上帝之爱的成果。马丁·路德的《餐桌谈话》（"Table Talk"）记录了他和其他牧师的闲话，其中有这样一段话："父母的爱与上帝的形象相似，也是一种刻印在人类心灵之上的上帝的形象。上帝对人类的爱就像父母对子女的爱一样伟大，正如《圣经》所说，它确实是伟大而炽热的。"[1]

---

1 Quoted in *Luther on Women: A Sourcebook*, ed. and trans. Susan Karant-Nunn and Merry Wiesner-Hanks (Cambridge, 2003), p. 200.

在世界范围内，人们开始强调家庭是上帝之爱的主要联结点，这带来了婚姻建议书和育儿手册的激增。理查德·巴克斯特（Richard Baxter）谈到，父母之爱是"对儿童进行神圣的、谨慎的教育的首要动机"。他说，儿童是父母之树名副其实的枝干，需要认真对待他们的身体健康和精神健康："如果你爱他们，就在那些让他们永远幸福的事情上表现出来。不能你一边说爱他们，一边把他们引向地狱。"[1] 对英国牧师艾萨克·安布罗斯（Isaac Ambrose）来说，适当地养育孩子可以为父母和他们的后代提供救赎。训练有素的孩子也会为自己的后代做同样的事情，这样的养育方式将一直持续下去。然后，到了世界末日，那些曾经疏忽的父母将面临灾难，因为"富人将在审判日起来反对你们，谴责你们"。[2]

即使许多圈子渐渐不再强调来世的重要性，宗教的呼吁仍在继续。19世纪中期在美国出版的《母亲杂志》（*Mother's Magazine*）为父母提供了虔诚的建议。一位母亲写道："考虑到大自然的法则是爱。每个母亲都可能记得她第一次看到她孩子的面庞时的情感……我们曾经想过只为自己而死，我们曾经想过把救赎的长袍围在身边。但是，我亲爱的朋友，我们现在不能这样做。"[3] 换言之，一旦女人有了孩子，她的生命、她的救赎就与孩子们联系在了一起。

但是，如果希望父母拥有超越的可能，救赎的力量可能不是必需的。父亲和母亲没有可以攀登的梯子，而是通过婴儿期、童年期、青年

---

1 Richard Baxter, *A Christian Directory*, vol. 3 (London, 1825), pp. 106–107.

2 Isaac Ambrose, *The Well-Ordered Family* (Boston, 1762), p. 13.

3 "Part of an Address, Written for One of the Maternal Associations of Newark," *Mother's Magazine* 7(1839): 173–6, at 174; bit.ly/37gxdBJ.

期和成年期的所有阶段缓慢而耐心地塑造另外一个人。在18世纪和19世纪,父母的死亡被想象为超越进程的又一阶段:他们由自己的孩子继承,孩子再把同样的美德传给下一代。无论如何,这也是诱人的幻想。充满爱心和奉献精神的母亲创造了准备好继承传统的孩子,正如这位备受赞誉的作者写的诗歌《我的母亲》("My Mother",1815年):

> 当痛苦和疾病使我哭泣,
> 是谁凝视着我沉重的双眸,
> 啜泣着,因为担心我会死亡?
> 我的母亲。[1]

这首诗歌很快由《我的父亲》("My Father",1817年)来相配:

> 当从我母亲腿上放下时,
> 我第一次试着独自走路,
> 是谁敞开庇护的怀抱?
> 我的父亲。[2]

但是,正如狄奥提玛阴郁的告诫一样,死亡偷偷地接近这些父母和孩子的梦。当英国的一位小政府官员托马斯·赖特(Thomas

1　Ann Taylor, "My Mother," in Doris Mary Armitage, *The Taylors of Ongar* (Cambridge, 1939), pp. 181-182; bit.ly/36ySdTR.
2　Mary Elliott [Belson], *My Father: A Poem Illustrated with Engravings* (Philadelphia, 1817).

第二章　超越尘世

Wright）失去了生命之光——他的儿子约翰时，他回忆起孩子嬉戏打闹、亲吻他的快乐时光，回忆起孩子在他的臂弯中去世的可怕时刻。作为一种慰藉，他觉得他的损失或许有一种神圣的目的：

> 你的离开，我的至爱，
> 是否是为了你父亲的上升；
> 将我的心引向高高的事物，
> 并且将我召唤至天空？ [1]

汉娜·罗伯逊（Hannah Robertson）同样被离世后代的鬼魂所萦绕，她在18世纪70年代写作，痛惜"埋葬了九个孩子，包括孙辈"。[2]

赖特和罗伯逊都撰写了自传，他们的自传充满了狄更斯式的艰辛，充满了人类社会的背信弃义，正如罗伯逊所说，在他们的孩子和后代身上，"我们重新生活"。她的故事非常伤感：她自称是英国复辟时期国王查理二世的孙女，在她的一生中，她的经济状况不断恶化，最后，她形容自己是一个年迈的祖母，带着一颗破碎的心在照顾着孤孙。她说，她唯一的希望是被一位高贵的女士收留，当她死后，可以在看不见的尘世仍然葆有灵魂，从而守护她负责的婴儿。狄奥提玛反对通过孩子获得永生的思想，因为孩子也可能死亡，但是，对灵魂不朽的信仰否定了这种反对思想；即使孩子的死亡也不能阻挡爱的超越的可能性。

---

1 *Autobiography of Thomas Wright, of Birkenshaw, in the County of York*, 1736–1797, ed. Thomas Wright (London, 1864), p. 313.
2 [Hannah] Robertson, *The Life of Mrs. Robertson ... A Tale of Truth as Well as of Sorrow* (Edinburgh, 1792), pp. v, 26.

*

　　如今，哲学家西蒙·梅认为"孩子正在成为爱的最高目标"。[1] 但是，他说道，这恰恰**不是**因为生育孩子为我们提供了一种超越的体验。他将爱重新定义为因找到使我们扎根和立足的某个人或某种事物而产生的快乐，在他身上我们看到自己的"家"，无论这个"家"离我们开始的地方有多远。对于梅而言，爱的可能性是超越性的**反面**；它向下挖掘、扎根，从爱者所重视的任何世界的土壤中获得滋养——无论那是我们脚下的世界，还是我们希望去的另一个世界。在任何一种情况下，我们都会体验到那个世界、那个家，那是我们存在的源泉。他说，如今对许多人来说，生孩子是通往一个未知但永远充满希望之处的第一阶段，尽管这趟旅程永远不会有一个完美的结局。对于梅来说，这种幻想是体验一种**完全扎根**的感觉。

　　梅将重点放在我们自身——我们感觉到"在家"的需求和渴望。同样将焦点放在自身的是另一位当代哲学家哈里·法兰克福（Harry Frankfurt）。他说，爱是关心对我们自己重要的事物。当我们专注于自身时（正如我们之中大多数人一样），我们热爱对我们和我们生命的目标而言重要的事物。我们需要爱，并且由此产生了对我们所爱之人的福祉的"无私关注"。[2] 当涉及我们自身和我们的孩子时，这一点是最容易看到的，我们的爱都是出于"根植于我们天性"之中的一种生物要求。（法兰克福对自爱的理念非常满意。）法兰

1　Simon May, *Love: A New Understanding of an Ancient Emotion* (Oxford, 2019), p. xvii.
2　Harry G. Frankfurt, *The Reasons of Love* (Princeton, NJ, 2006), pp. 42, 30, 87.

克福的爱不是超越性的，因为它总是回到自身。它是一种"意志的构造"——我们的意志，它是我们的教养、性格以及我们所面临的各种经济、社会、环境、法律的限制的产物。

这两位我们同时代的哲学家告诉我们，爱关乎这个世界、关乎我们自身。他们提供了对爱的非凡定义，并且以智慧和热情论证它们。尽管这些定义不尽相同，却都使爱发自内心，自然而然。没有箭从外面把爱射进心灵，上帝也没有把爱灌输给我们。

但是人们**确实**有其他的想法，而且很多人都是这样。在这本书中，我想探索的不是爱**是**什么，而是它是如何被想象的，从而看看这些想象中的哪些因素已经被剔除，哪些因素今天仍在激励着我们，有时甚至还妨碍着我们。这并不是要否认梅和法兰克福所信奉的绝对非超越性的爱的概念在过去的某些情感共同体中是真实的，而且今天仍然如此（也许还更加广泛）。事实上，拒绝超越性的诱惑正是荷马和奥德修斯所做的：他离开了美丽而诱人的女神卡吕普索和她不朽的承诺，只是为了回到家中，回到他衰老的凡人妻子身边。在柏拉图的时代，很少有人想象他们生孩子是为了超越自我和世界，更不必说他们可能会攀登爱的阶梯。但是在一些情感共同体中，柏拉图的思想的确占据了主导地位，它激发了各种生活方式、情感方式和信仰方式——无论在基督教出现之前还是之后，无论在遍布中世纪欧洲的修道院之内还是之外。在中世纪，并不是每个人都培养了对爱之超越性的愿景，正如我们在爱洛伊丝身上看到的那样，她把希望寄托在对爱的不同幻想上。但是很多人都有这样的想象。并且，它从宗教改革时期一直到19世纪都持续地激励着人们，尽管当时它来自柏拉图的"第一级台阶"——家庭和孩子。

回到第一级台阶

那么今天呢？今天，对另一个人的爱——情欲之爱，而非父母之爱，对很多人而言是爱的超越性力量的源泉。我们可以在威尔逊高亢的假音中听到，我们在《西区故事》（West Side Story）的结尾再次听到，恋人玛丽亚和垂死的托尼在悲欣交集中唱道，即使死后，仍有他们的"位置"。[1]

但是，这个想法现在已经脱离了古典美德的概念，或者基督教与上帝结合的愿景，或者吟游诗人通过爱来提高身份的希望。相反，它是情欲狂喜的表达，而不可避免的是，这种狂喜是短暂的。所以，当贝拉和马克·夏加尔漂浮在城市上空之后，"突然间你又来到地面，在你的画和我之间来来回回地看。'还有很多事情要做，是吧?'"。[2]超越之爱不会永恒，至少在这个世界。甚至柏拉图也知晓这一点：他说苏格拉底在去《会饮》中的宴会的路上，"沉浸在自己的思绪里，走着走着，就落在了后面"（174d）。[3]这是戏谑地引用阿里斯托芬的戏剧《云》（The Clouds）中苏格拉底的嘲讽形象，剧中，这位哲学家被装在篮子里漂浮在天空中。但是，即便是苏格拉底，他最后也从他对美的沉思中走下来——如果那是他正在做的事情的话，继而告诉晚宴的宾客他的上升之路。同样，伯纳德离开婚房，下来与他的修士交谈。波雷特瞥见了等待她的彻底湮没，但她只有在死后才能看到这一

1　Stephen Sondheim and Leonard Bernstein, "Somewhere," lyrics © 1956, 1957, Amberson Holdings LLC and Stephen Sondheim, at www.westsidestory.com/somewhere.

2　Chagall, First Encounter, p. 228.

3　译文引自《会饮》，第6—7页。——译者注

第二章　超越尘世

切，所以她抽出时间为其他"简单的灵魂"将它写下来。托马斯·赖特放弃了对儿子的哀悼，等待他们在天堂的重逢，他有足够的时间来重新结婚、从事新的工作。爱拥有将我们带得越来越高的可能性，但是，只有我们认识到这样的时刻多么转瞬即逝，我们才不会对这样的美好抱有过多的期待。

第三章
责任义务

"爱意味着永远不需要说抱歉。"在埃里奇·西格尔(Erich Segal)20世纪70年代出版的风靡一时的小说《爱情故事》(*Love Story*)中,詹妮这样告诉奥利弗。[1] 在次年上映的电影中,这句话再次出现。西格尔作为古典学教授,是否想到了奥德修斯对志同道合的婚姻的描述呢?不一定,因为新婚的詹妮和奥利弗并没有志同道合:他刚刚从詹妮的手中夺下手机并扔到房间的另一边。随后,他很后悔,并向她道了歉。在故事的后面,奥利弗对他内疚的父亲使用了相同的话语,尽管他们从来没有达成一致。

不,这种思想的意蕴在于"不得不"。爱抹去了责任。当你爱一个人时,不论你做什么,都是一种爱的表现。"你需要的只是爱",差不多在西格尔写作《爱情故事》时,披头士(The Beatles)这样唱道。[2] 但是这种思想并不是20世纪70年代的发明。回到12世纪,当阿伯拉

1　Erich Segal, *Love Story* (New York, 1970), pp. 131, 73.
2　Paul McCartney and John Lennon, "All You Need Is Love," lyrics © Sony/atv Tunes LLC (1967), at bit.ly/2QJE25N.

尔求婚时，爱洛伊丝的反应是这样的：她宁愿当他的"情人"，而不是"妻子"，因为这样可以证明，她的爱没有其他任何目的，也没有规定他任何责任。（但是，正如我们在第一章所看到的，这里没有说出来的是，她希望阿伯拉尔也可以无条件地、自发地爱着她。）试着想一想一个更为极端的例子，那就是基督教上帝的爱。上帝不必去爱人类。事实上，因为伊甸园中亚当和夏娃的背弃，他完全有理由不这么做。但是，他如此关心他们罪孽深重的后代，甚至牺牲自己的儿子去救赎他们。上帝之爱过去是，并且一直是无偿的。

如果你需要的只是爱，那么詹妮和奥利弗极为简单的婚礼誓词"相爱相惜，直到死亡将我们分开"非常合理。

现在，请想象，这两个人按照起源于英国12世纪左右并在其后长期存在的仪式结婚，他们使用的是爱洛伊丝非常反对的誓言。"奥利弗，"主婚人会用拉丁文说，"你愿意娶这位女人为你的妻子吗？并且如同丈夫对妻子应该做的那样，爱她、尊重她、支持她、保护她，无论健康还是疾病；为了她，把其他女人都抛诸脑后，一辈子只和她在一起吗？"同样的问题也会问詹妮。两人都会回答："我愿意。"然后，两人都必须用本土语言分别作出承诺，内容与拉丁文誓言相似。与此同时，詹妮还必须发誓承担两项额外的义务："在卧室和餐桌上都百依百顺。"[1]

在这里，詹妮和奥利弗有义务相爱，且仅与对方相爱。此外，妻子明确承诺满足丈夫的生理需求和生育需求。

许多评论家认为，20世纪60年代和70年代改变了这一切，耕

---

1 *Missale ad usum ...Sarum*, ed. Francis H. Dickinson (Burntisland, 1861–1883), 831–832*.

耘已久的"减去义务的爱"结出了硕果。21世纪许多人认为这种情形的转变令人遗憾。齐格蒙特·鲍曼（Zygmunt Bauman）称它为"液态之爱"，它不依附于任何人。[1] 让-克劳德·考夫曼（Jean-Claude Kaufmann）认为这意味着快乐爱情的终结。[2] 斯特凡妮·孔茨（Stephanie Coontz）认为，它使人际关系变得支离破碎。[3]

这里的幻想是，从明确的誓言到坚持你需要的就是爱，从过去到现在一切都已经发生了很大的变化。我认为，爱（我在这里指的是长期的爱）曾经伴随着义务，今天也仍然如此。可以肯定的是，无论是义务的性质，还是爱的意义和感觉，它们在西方历史中都发生了巨大的变化。今天，我认为，"没有义务的"爱如果有义务的话，它们比神圣地写入婚姻契约和类似契约的责任更大、要求更高。没有义务的爱应该意味着，当我们爱的时候，我们所做的一切都源于爱。有时，它的结果是一种具有讽刺意味的义务：我们做**每一件事**都源于爱，我们也期望我们爱的人也这样做。倘若我们所做的事感觉像苦差事，或者当我们的伴侣说我们对他/她的期望让人觉得很辛苦时，我们就会对爱情失望。

对爱情义务的错误想法是对西方婚姻史误解的必然结果——西方婚姻史是从纯粹的义务到完全解放的进程。现代的幻想是，今天的人们与过去的伴侣不同，结婚（或建立亲密关系）不是因为外部压力——无论是来自父母的压力还是文化的压力，而纯粹是因为他们

---

1 Zygmunt Bauman, *Liquid Love: On the Frailty of Human Bonds* (Cambridge, 2003).
2 Jean-Claude Kaufmann, *The Curious History of Love*, trans. David Macey (Cambridge, 2011).
3 Stephanie Coontz, *Marriage, a History: How Love Conquered Marriage* (New York, 2005).

　　　　　　　　　　第三章　责任义务

的爱。因此，今天的婚姻不同于，或者应该不同于过去的婚姻；过去的婚姻很确定会**受到**外部力量的束缚，负担着诸如"百依百顺"之类的繁重责任——无论是在床上还是其他场合。

但过去的婚姻很少像我们想象的那样完全是被迫或出于义务的（尤其对于男人而言并非如此）；我们现在的爱也并不像我们愿意相信的那样，可以那么自由地选择，或不需要承担责任。义务发生了变化。人们感受爱和体验爱的方式已经改变了。这就是本章的主旨。但是，"你需要的只是爱"，你和你的伴侣今天为对方所做的一切都应该是爱的礼物，不需要"必须"或"不得不"，这是一种幻想。

希腊的父权制度及其裂痕

荷马在歌中写道，美丽的女神卡吕普索囚禁了奥德修斯七年，除了留在她的天堂岛上和她享乐以外，他没有任何"义务"。白天，卡吕普索像尽职的古希腊家庭主妇一样，坐在她的织布机前织布。当她的金色梭子翻飞时，她歌唱着，就像那些用美妙的、无法抗拒的歌声引诱水手们走向死亡的塞壬一样。晚上，她和奥德修斯一起睡下，她渴望他的爱抚，"一直用不尽的甜言蜜语把他魅惑，要他忘记伊塔卡"（1: 56）。[1] 然而，不可否认的是，在这种看似幸福的生活过了七年之后，他"坐在巨岩顶上海岸滩头，用眼泪、叹息和痛苦折磨自己的心灵"（5: 156—157）。[2] 他想回家。

1　Homer, *The Odyssey*, trans. Peter Green (Oakland, CA, 2018). 引用以卷号和行号标注。（译文引自《荷马史诗·奥德赛》，第3页。——译者注）
2　译文引自《荷马史诗·奥德赛》，第91页。——译者注

这是典型的希腊男人，他娶了典型的希腊女人佩内洛普。当他离开时，佩内洛普对他保持着忠诚——先在战争中等待了大约十年，又在他回家的旅途中等待了十年，当时他被各种冒险耽搁了，包括他与卡吕普索的交往，以及与另外一位女神喀耳刻为期一年的调情。尽管二十年不在佩内洛普身边，他以自己的方式忠于佩内洛普。丈夫们可能会有婚外情——赫西俄德（Hesiod）与荷马大约在同一时期写作，在《工作与时日》（*Works and Days*）中，赫西俄德说奥德修斯和卡吕普索有两个孩子，和喀耳刻有三个孩子。[1] 但是丈夫们没有忘记自己的妻子们。婚姻的义务是明确的：像奥德修斯这样有德行的丈夫不会炫耀他们的婚外情。因此，在他和佩内洛普最终重逢并尽情沐浴爱河之后，他向她讲述了他所有的丰功伟绩——除了那些风流韵事。同样，奥德修斯的父亲避免与一位女奴隶发生婚外情，"免得妻子生怨气"（1: 433）。[2] 这些丈夫以他们自己的方式尊重妻子的感受。

卡吕普索无法说服奥德修斯和她在一起的原因之一是奥德修斯不信任她——即使是在（可能尤其是在）她打出她的王牌，承诺如果他和她在一起他会永生之后。这种不信任几乎在西方文化中"根深蒂固"，这就解释了为什么一些评论家（虽然不是荷马）声称，甚至佩内洛普也曾被她的一个追求者所诱惑。尽管荷马没有提到这一点，但他让聪明的奥德修斯在最终确信妻子对他完全忠诚之后才向她倾吐心声。

1　Hesiod, *Works and Days,* lines 1012–1018, in *Theogony and Works and Days,* trans. Catherine M. Schlegel and Henry Weinfield (Ann Arbor, 2006), p. 4.
2　译文引自《荷马史诗·奥德赛》，第17页。——译者注

　　　　　　　　　　　第三章　责任义务

所有的古希腊婚姻都有双重标准。荷马很早就说清楚了，即使对众神而言也是如此。卡吕普索是一位女神，因此通常不受人类法律的约束，但宙斯强迫她将奥德修斯放走——尽管他和其他男神可以和所有他们喜欢的女人调情。

忠诚的佩内洛普拒绝了奥德修斯以外的任何男人。她当然可以再嫁，而且不会受到责备。事实上，在出发打仗之前，奥德修斯告诉她："但当你看到孩子长大成人生髭须，你可离开这个家，择喜爱之人婚嫁。"（18: 269—270）[1]这一天差点降临了。佩内洛普的处境令人绝望：竞争的追求者占据了她和奥德修斯的家，用他们的钱享用美食。他们正在摧毁赋予荷马式"志同道合"意义的家庭。

如果一切如其所愿，佩内洛普将负责家庭内务——编织、管理家仆和奴隶，最重要的是养育和照顾他们的孩子。妻子**存在的理由**就是生育孩子，佩内洛普仍然可能生育一些孩子。如果她像许多希腊女孩那样在十四岁就结婚，她仍然足够年轻。而户外的工作——牲畜、葡萄园、麦田——将由她的丈夫监管。现在，夫妻双方都出了问题：奥德修斯在流浪，佩内洛普在哭泣。

游戏规则似乎是为男人制定的。要么奥德修斯回来纠正错误，要么伊塔卡的一个男人会把她和她所有的财产带回自己的家里。又或者她会回到她父亲的身边——毫无疑问，是他首先安排她嫁给奥德修斯的——他可能会为她选择另外一位丈夫。这样看来，在荷马生活的社会中，女人似乎只有义务，没有自由。但像佩内洛普这样的女人知道如何在完成自己角色的同时还能找到自由的回旋余地。她像

1　译文引自《荷马史诗·奥德赛》，第344页。——译者注

一位尽职的家庭主妇一样编织，但是在晚上，她把布拆散。追求者花了将近四年才了解了这个计谋。她"一直在愚弄阿开奥斯人胸中的心灵。她让我们怀抱希望，对每个人许诺，传出消息，考虑的却是别的花招"（2：90—92），从而保持她的选择的开放性。[1] 她走下大厅：那里有男人，她看起来很漂亮，"众求婚人立时双膝发软，心灵被爱欲/深深诱惑，都希望能和她偎依同眠"（18：212—213）。[2] 当奥德修斯向她宣布他是谁时，她甚至有自己的方法来测试他：她假装自己挪动了他们的床。奥德修斯通过把床建在一棵活的橄榄树的周围的方式把床实实在在地扎根到泥土里，他听到这张床被移动时的暴怒最终使她确认了他的身份。直到那时，她才以泪水、亲吻和拥抱迎接着他。她看到了主流父权制中的罅隙，并对此加以利用。

*

当希腊从荷马时代的君主制重组为古典希腊的城邦时，婚姻保留了几乎相同的义务、规则和自由，甚至当婚姻因此不再为整个家庭的结合而服务，而是把重点放在夫妻本身及其对国家的责任时也是如此。婚姻的主要目的仍然是繁衍后代。柏拉图的《法篇》讨论了从头开始建立一个新的政治体所需要的立法，宣称建立城市的第一步是"两个人在婚姻伙伴关系中的结合"。[3] 这是城市的基石，是产生其他一切的细胞。柏拉图宣称，夫妻的工作是补充城市的人口。这

1　译文引自《荷马史诗·奥德赛》，第21页。——译者注

2　同上书，第240页。——译者注

3　Plato, *Laws* 4 721a, trans. Trevor J. Saunders, in *Plato: Complete Works*, ed. John M. Cooper (Indianapolis, 1997), p. 1407.

第三章　责任义务

已经是一种陈词滥调了：在柏拉图之前大约半个世纪，在伯罗奔尼撒战争早期的一场战役中牺牲了许多人之后，雅典领袖伯里克利（Pericles）告诫他的同胞们："你们中间那些在适当年龄的人仍旧要支持下去，希望多生一些儿女。在你们自己的家庭中，这些新出生的儿女们会使你们忘记那些死者，他们也会帮助城邦填补死者的空位和保证她的安全。"[1]

那么，这里的爱在哪里呢？大约一个世纪之后，我们在柏拉图的同代人、苏格拉底的学生色诺芬关于家庭的对话中，在众多义务中看到了这一点。为了讨论绅士妻子的乐趣和许多责任，色诺芬假设一位模范丈夫伊斯霍玛科斯与苏格拉底对话。伊斯霍玛科斯解释说，当他的妻子第一次来到他的家时，她（她的名字从来没有出现过）是一个备受呵护、没有受过教育的十四岁女孩。但是，在给她一段时间来适应新生活之后，他开始严格地照管她，教会她必须掌握的任务。正如众神命令"蜜蜂的领袖"蜂后待在家里"编织"蜂巢、在幼蜂完全成熟之前养育幼蜂、派工蜂采集花粉一样，妻子也必须待在家里。她的工作是准备从门口送进来的东西——制作面包的谷物、制作衣服的羊毛等等。如果她需要外面的东西，她会派她的奴隶去拿。在家里，她负责保持一切井然有序、各就各位。她照顾夫妻二人的婴儿，因为天神"分配给她比男人更多的对新生儿的爱"（7.24）。[2] 出于同样的原因，丈夫的领地在屋外，他需要监管所有户外的任务。伊斯霍玛科

1　Thucydides, *History of the Peloponnesian War* 2.44, trans. Rex Warner (London, 1972), p. 150.（译文引自《伯罗奔尼撒战争史》，修昔底德著，谢德风译，北京：商务印书馆，2009年，第153页。——译者注）

2　Xenophon, *Oeconomicus*, trans. Carnes Lord, in *The Shorter Socratic Writings*, ed. Robert C. Bartlett (Ithaca, NY, 1996). 引用以章号和节号标注。

斯高兴地说，这种劳动分工运行地非常完美：丈夫和妻子是照顾家庭单位的"伙伴"。

在这个忙碌的蜂巢里，爱是妻子的义务——如果她的丈夫对她诚实、坦率，她也必须对他这样。伊斯霍玛科斯回忆起他妻子化妆和穿高跟鞋的时候解释道。她希望看起来漂亮一些。伊斯霍玛科斯不同意。"'告诉我，我的妻子，'我说，'如果我把我们的财产本身展示给你看，[并且] 不吹嘘拥有比我实际拥有的更多的财产，你会认为我作为一位伴侣更值得被爱吗？……还是说我欺骗你，说我拥有比实际更多的财产？'"他谨慎的妻子立刻回答："你不要变成那样。不然的话，就我自己而言，我就永远不会从心里爱你了。"（10.3—4）她有义务爱她的丈夫——如果他对她诚实的话。

但是，她的丈夫同样有义务爱他的妻子，只要她对他好，尽管伊斯霍玛科斯只是很委婉地这样说。既然两人是"彼此身体的伴侣"，那么（他反问道）如果他能保持强壮的身体，而不是为了显得更有吸引力而涂脂抹粉，他难道不是"更值得被爱"吗？是的，当然，而且推论的结果是：如果她不加修饰地向他展示自己，他会发现她"更值得被爱"。他的妻子明白了他的意思——"当我触摸朱砂时，不会像触摸你一样快乐……当我看到涂脂抹粉的肌肤时，也不会像看到你本人一样快乐"（10.6—7）。

爱的义务是有条件的，需要双方的模范行为。这给了妻子们一个争取更好待遇的机会。因此，伊斯霍玛科斯的妻子羞怯地问他，妻子是否真的是蜂巢的"领导者"。"我不知道领导者的工作是不是你的而不是我的。对我来说，如果不是你从外面带东西回来，我守卫家里物品的分配就会显得有点荒谬。"（8.39）她不会从他为她描绘的生活中获得太多乐趣, 他们都知道这一点。这使得他向她保证, 家务的某些方面会令她高兴。接着, 他做出了一个严肃的让步: 如果她工作效率比他更高, 她就会得到"最令人愉快的东西", 因为"你不必担心随着年龄的增长, 你在家里受到的尊重会减少"(8.43)。对于作为丈夫身体"伴侣"的女人而言, 年老带来的衰弱和皱纹是一个严重的问题。伊斯霍玛科斯给予他勤劳的妻子的终身荣誉, 为她在男性统治的领域内提供了一点活动的余地。

*

看一看古希腊的家庭, 我们可以了解到, 妻子们确实可以在父权安排中找到空隙——尽管她们冒着把握不住分寸的风险。在雅典法庭的一个案件中有欧斐里托斯(Euphiletus)的证词, 他被指控谋杀妻子的情人。他在证词中详细叙述道:

> 当我决定结婚并且将妻子带回家时, 起初我对她的态度是: 我不希望惹恼她, 但也不希望她有太多自己的想法。我尽可能地监视她……但后来, 我的孩子出生之后, 我开始信任她, 我把我所有的财产都交给了她, 我认为这是对爱情的最大证明。[1]

因为他的妻子每次想给孩子洗澡都需要下楼, 欧斐里托斯就

1　Kathleen Freeman, *The Murder of Herodes and Other Trials from the Athenian Law Courts* (Indianapolis, 1994), p. 44.

搬到楼上女人居住的区域。他们的婚床还在楼上，但他的妻子经常下楼哺乳、陪孩子睡觉。最终，她和楼下的一个男人开始交往。我们没有必要继续了解接下来发生了什么。关键是，夫妻之间拥有强大的信任；这种力量曾经足以打破希腊家庭组织的规则，现在却将这个家庭彻底毁灭。但显然欧斐里托斯的妻子玩过了火，她犯了错。他们的爱，就像伊斯霍玛科斯和他的妻子一样，完全是有条件的。

合适的伴侣

罗马在公元前2世纪对希腊世界的统治改变了长期亲密关系的重点。罗马婚姻与色诺芬时代的希腊婚姻具有诸多相似之处——女人从父亲的家转移到丈夫的家；在一夫一妻制婚姻中强调生育以延续男性血统；婚姻之外的性关系具有双重标准——但是，罗马人**明确**强调了应当将丈夫和妻子吸引在一起的亲密关系。

在结婚之前双方必须许诺，并且，这种许诺必须在他们共同生活的整个过程中持续下去，否则任何一方都可能提出离婚。从公元前1世纪中叶开始，也许因为人们越来越强调个人及其幸福，罗马人期望配偶彼此相爱（或至少对彼此感到爱慕之情）。充满爱的家庭是理想的：丈夫和妻子相互亲吻，对孩子表达温柔的爱，分开时想念彼此。

正是在这种新的氛围之下，斯多葛派的莫索尼乌斯·鲁弗斯（Musonius Rufus）和道德家兼传记作家普鲁塔克（Plutarch）挑战了长期以来认为婚姻的主要目的是生孩子的观点。当然，莫索尼乌斯承认"一个人的诞生……是一件了不起的事情",但是为此你不必结婚。不,"在婚姻中,最重要的是丈夫和妻子之间必须有完美的陪伴和相互的爱恋,无论是健康还是疾病,无论在任何情况"。[1] 至于普鲁塔克,他指出了各种各样的婚姻:最好的婚姻是建立在爱的基础之上的,因为它是最自然的:"恋人之间的婚姻是 [一种] 自然的统一;为了金钱或者孩子的婚姻是由连接在一起的单元构成的 [就像房子的房间一样];仅仅以同床共枕的快乐为基础的婚姻是由独立的单元构成的,应该称它为同居,而不是共同生活。"[2]

这些都是关于婚姻的高谈阔论,但是在实践中,它们意味着什么呢?我们可以从西塞罗的一些信件中瞥见答案,我们在第一章提过这位罗马政治家关于友谊的文章。在他被敌人流放,对自己的生命和财产非常担忧的一段时期,他给留在罗马的妻子特伦提娅(Terentia)写信说道:

> 当我给你写信或者读你的信时,我泪难自抑……我渴望尽快见到你,我的生命之光,并在你的怀抱中死去……我该怎么做呢?乞求你和我一起,而你开始生病,身体和心灵都被击垮?还是我不应该求你,结果是我的生活中再也没有你?……请相信这个事实:只要我拥有你,我就不会认为自己失去了一切。但是,我亲爱的 [女儿] 图利亚会怎么样呢?……还有,我的 [儿子] 西

1　Musonius Rufus, "What is the Chief End of Marriage?," in *Musonius Rufus: "The Roman Socrates,"* ed. and trans. Cora E. Lutz (New Haven, CT, 1947), p. 89.

2　Plutarch, *Advice to the Bride and Groom* 34.142, in *Plutarch's Advice to the Bride and Groom and A Consolation to His Wife,* ed. and trans. Sarah B. Pomeroy (New York, 1999), p. 10.

塞罗会怎么样呢？我现在写不下去了，因为我已经悲痛得无法呼吸。[1]

作为夫妻情感的表达，汹涌的泪水极具男子气概。再次见到特伦提娅，死在她的怀里：这样磅礴的柔情是由一位已经结婚三十多年的男人写下的。这当然是爱的表达，同时也夹杂着义务——他对妻子身心健康的责任和他对孩子的关心。他无言地确信：如果他要求特伦提娅加入他，她一定会这么做。

事实上，在同一封信中，他很快就增加了一些希望他的妻子能够执行的明确要求。他知道她是他的政治盟友，她会尽自己最大的影响力将他召回罗马，所以他告诉她："如果我有希望回来，你必须有力地协助这一进程。但是，如果像我自己担心的那样，这扇门对我关上了，那么，以任何你能实现的方式加入我吧。"就像在罗马上流社会的婚姻中很普遍的那样，他的妻子将自己的财产与丈夫的财产分开，但是，在西塞罗当时的情况下，她也应该料理他的事务。所以，他给了特伦提娅一些关于他们的奴隶的指示：她的奴隶中只有一位应该获释，而他自己的命运将取决于他的政治命运。

最重要的是，西塞罗很遗憾不得不让他的妻子料理他们的女儿图利亚（Tullia）的再婚事宜，而不是自己亲自来。尽管他将图利亚看作一个孩子，但是事实上，到写这封信的时候，她已经快三十岁了，已经结过两次婚：一次丧偶，一次离婚。她本人也在积极地寻找新的丈夫。我们可能会说，罗马人在婚前寻找合适的伴侣时非常谨慎，甚

---

1 Cicero, *Selected Letters*, trans. P. G. Walsh (Oxford, 2008), p. 61.

至比《纽约客》中卡通骑士的追求更加谨慎，因为他在获救前进行了谨慎的询问。

为什么图利亚不能保持单身呢？这在罗马人道德观念的环境中是不可想象的。这将使她失去名誉，失去另一次寻找婚姻中爱与幸福的机会，失去生儿育女、使自己和父母皆大欢喜的可能性。几年后，当西塞罗对特伦提娅失去信心并和她离婚时，她也再婚了，尽管她已经五十出头。男人不结婚几乎同样是无法想象的，所以西塞罗也再婚了，这次是和他年轻的被监护人。（这个选择和图利亚最终选定的男人似乎都是相当不谨慎的"爱情"配对，结果都不太好。）

当然，西塞罗、特伦提娅和图利亚都不是"典型的"罗马人，他们混在最高层的社交圈里。但是，他们的生活和爱情揭示了他们所处时代的一些实践和理想。像其他丈夫一样，西塞罗没有炫耀他的男性威权，相反，他表现出对家庭的责任感，并且因为无法履行自己的那份义务而感到遗憾。他首先把自己塑造成为一个热爱家庭的男人。

然而，西塞罗动荡的政治时代以奥古斯都（Augustus）皇帝的即位而告终。奥古斯都打着复兴罗马的幌子，制定了新的严格的婚姻规定。在奥古斯都的统治之下，成年人不结婚不仅不可想象，而且是违法的。将婚外性行为、男人与男人之间的性关系定为犯罪，没有孩子的夫妇受到惩罚。那么爱呢？关于爱的论证往往相互矛盾。哈利卡纳索斯的狄奥尼修斯（Dionysius of Halicarnassus）在奥古斯都时代写作，他极端保守，强调权力、忽略感情，他引用古代的惯例，这些惯例"强迫已婚妇女按照丈夫的意愿生活，因为她们没有其他的求助方式，它迫使丈夫控制他们的妻子，因为她们是必要的、不可剥夺的财产"。[1]

然而，恩爱夫妻的理想似乎一直都存在，就像我们在墓碑上看到的那样，丈夫和妻子都委托别人在墓碑上题字，称自己的配偶为"最亲爱的"，有时称为"非常亲爱的"。有一份尤其深情的墓志铭来自3世纪，这份墓志铭无疑是由丈夫写的，它以亡妻的口吻说："我是被爱着的、谦逊的、幸福的妻子，与贞洁[即忠诚]的丈夫结合，但是嫉妒的命运法则使我们的誓言无效，留给我这个爱的可怜人的唯一慰藉，只是得以在丈夫怀里撒手人寰。"[2] 一块来自约公元前80年的墓碑上，两个获得自由的奴隶相互交谈，以启迪偶然路过的行人。左边的丈夫先说："死在我之前的这位是我的妻子，她的身体贞洁，她对我的爱就像我对她的爱一样深情。"她在右边这样回答道：

在生活中，我被称为奥雷莉亚·菲勒马蒂姆，贞洁，谦卑，对普通人一无所知，对我的丈夫非常忠诚。我的丈夫是我的同伴——他是自由人，唉，也就是我现在失去的那个人。事实上，他对我来说比父母还重要。当我七岁时，他把我抱在腿上。现在我四十岁了，我看到了死亡。他因我的尽职而幸福。[3]

在碑文之间的浮雕上，两人紧握着双手。

对孩子的爱也在罗马坟墓上得到了纪念，正如我们在公元前1世

1　Quoted in Susan Treggiari, *Roman Marriage: Iusti Coniuges from the Time of Cicero to the Time of Ulpian* (Oxford, 1991), p. 212.

2　Ibid., pp. 232–233.

3　Susan Treggiari, "Women in Roman Society," in Diana E. E. Kleiner and Susan B. Matheson, eds, *I Claudia: Women in Ancient Rome* (New Haven, CT, 1996), p. 121.

纪中叶的碑文中所看到的：

> 欧查里斯·利西尼亚
>
> 受过所有艺术的教育和训练；一个在世间活了十四年的
> 女孩。
>
> 站在这里的人啊，当你用徘徊的眼光看着
> 死亡之屋时，
>
> 请放慢你的脚步，仔细阅读我们的碑文，
>
> 这是一位父亲给他女儿的爱，
>
> 她的遗体被埋葬在那里。[1]

鉴于奥古斯都的帝国立法（经过一些修订）持续了几个世纪，圣佩蓓图对家庭生活的弃绝（见第二章）令人更为震惊。

基督教的印记

另一方面，圣佩蓓图的"反叛"符合基督教教义，这是最初非罗马情感共同体的一种极端。随着这个团体得到巩固和扩大，并且更加谨慎地定义自己和自己的价值观，他们爱的观念最终推翻了异教罗马的观念。教会将贞洁提升到最高地位，不是将其定义为（像以前那样的）对一个配偶的忠诚，而是认为完全的独身是爱上帝最好的

1　Anne Duncan, "The Roman *Mimae*: Female Performers in Ancient Rome," in Jan Sewell and Clare Smout, eds, The *Palgrave Handbook of the History of Women on Stage* (Cham, 2020), p. 39.

方式。婚姻之爱远低于此，根据教会的说法，婚外情根本不是爱。但是，教会并没有为每个人辩护，正如我们在爱洛伊丝和阿伯拉尔身上看到的那样，也正如我们将在第四章再次看到的那样，有些人——也许是许多人——把婚外情捧上了天，即使坚持官方路线的权威人士也放弃了他们的指责。

基督徒把《旧约》和《新约》都当作命令来读。《创世记》1: 28:"要生养众多。"《创世记》2: 24:"人要离开父母与妻子连合，二人成为一体。"《出埃及记》20: 12:"当孝敬父母。"但是，相反的是，《路加福音》14: 25:"人到我这里来，若不爱我胜过爱自己的父母、妻子、儿女、弟兄、姐妹和自己的性命，就不能作我的门徒。"

是保罗第一个通过等级排列的方式调和了这些矛盾的规则。他在致哥林多教会的书信（《哥林多前书》7）中制定了基本的框架。保罗希望"众人像我一样"，也就是说，不结婚，独身。但是如果人们做不到，那么，就遵循当时的罗马法："男子当各有自己的妻子，女子也当各有自己的丈夫。丈夫当用合宜之分待妻子；妻子待丈夫也要如此。""合宜之分"指的是按需同房。保罗提到了一个例外：专心祷告的时间。最后，保罗不赞成离婚："至于那已经嫁娶的，我吩咐他们；其实不是我吩咐，乃是主吩咐说：'妻子不可离开丈夫……丈夫也不可离弃妻子。'"

于是，义务很多。但是没有爱情吗？是的。在《以弗所书》中（5: 22—25），爱本身是一种义务，尽管只是丈夫的义务，他在核心家庭中承担着基督的角色："你们作妻子的，当顺服自己的丈夫，如同顺服主……你们作丈夫的，要爱你们的妻子；正如基督爱教会，为教会舍己。"在这里，婚姻反映了整个救赎的机制。因此，教会会议试图承担管理婚姻的任务是很合理的。尽管《以弗所书》现在被认为是保罗的一个门徒（让我们称他为伪保罗）所写的，但它过去被认为是权威的，教会法规不停地详细阐述着最初由保罗、伪保罗和教父所勾勒的约束。起初，为了庆祝自己的贞洁，神职人员将婚姻主要看作一种防止通奸罪的方式。即使在那时，他们也会通过限制频率和快感的方式阻碍婚内性行为。禁欲的时间包括大斋节、降临节、复活节、星期日、经期和孕期。只有为了繁衍后代时，同房才是合法的，同房的乐趣越少越好。所以，不要有不必要的爱抚或亲吻，保持穿着整齐。贞洁的婚姻受到赞扬。想想6世纪图尔的格里高利主教所描述的一对模范情人：终生在婚姻状态，但从未同房——他们对彼此的爱是如此强烈，以至于尽管分别下葬，他们的坟墓却奇迹般地移动到了对方旁边。

起初，大多数平信徒对此漠不关心。婚姻是家庭事务，与教会无关。但是，随着教区制度逐步建立，教会教义更加深入地渗透到普通人的生活之中，这种情况开始发生变化。

与此同时，教会也在改变，在慢慢地恢复婚姻中的爱情。教会越来越多地坚持新娘和新郎双方都需要得到公众的同意，这在某种程度上削弱了父母的控制，一些教会人士开始声称婚姻是"爱的神圣仪式"。这时，恰好神父被明确要求独身，同时，贞洁的生活（正如我们在伯纳德身上看到的那样）开始有了情欲的意味。伯纳德赞美神圣的贞洁的布道反映了世界上许多人对爱的赞美（正如我们将在第四章中所看到的）。在这种令人陶醉的充满情爱的谈话、歌曲、文学和（毫无疑问）行为之外，神职人员加入了极其神圣的配偶关系，他们宣称，婚姻是男女之间真正的爱、真挚的爱唯一可以存在的场所。其他一切都是欲望。

圣维克托的休格（Hugh of Saint Victor）是这一观点强有力的代表，他认为新创造的亚当和夏娃是在"爱的契约"中结婚的，这是上帝为使人们在地球上繁衍生息而建立的。这种契约在堕落之后并没有改变。更确切地说，在婚姻的美好目的——即生育——之外，又增加了一个不那么美好的目的：婚姻成为对身体软弱的妥协。"身体的结合"本身完全是有罪的，但在婚姻中却变得光荣（尽管贞洁的婚姻仍然更好）。婚姻中丈夫和妻子的爱是"一种神圣的礼仪，是上帝加入理性的灵魂之后产生的爱的标志……这是通过上帝的恩典注入的"。[1]

随着这种婚姻观念的扩展，人们对神圣家庭以及将其联结在一起的爱与关怀的纽带有了新的认识。例如，我们在一件12世纪的象牙雕刻中看到了这一点（见图2），在这件雕像中，玛利亚、约瑟和婴儿耶稣

图2：《神圣家庭》。这尊全家福雕刻的感染力并没有因为马利亚毁坏的头部而受到影响。圣约瑟夫搂着妻子的肩膀，用自己的身体保护着母亲和孩子，而妻子则温柔地拥抱着褪褓中的婴儿。

---

1 Hugh of Saint Victor, *On the Sacraments of the Christian Faith* (*De sacramentis*) 2.11.3, trans. Roy J. Deferrari (Cambridge, 1951), pp. 325-326.

紧紧地搂抱在一起。无数展现圣母哺育圣婴或与圣婴玩耍的画面体现了家庭生活的神圣化和情感化。里沃的埃尔雷德充满感情地讲述了志同道合的友谊的乐趣（见第一章），当他解释如何在想象中参与基督和玛利亚的生活时，他揭示了他那个时代家庭情感的重要性：

> 首先进入圣母玛利亚的房间，和她一起阅读预言童贞生子和基督降临的书籍。在那里等待天使的到来……接下来，用你所有的虔诚陪伴这位母亲前往伯利恒。和她一起在旅店里躲避，在她分娩时在场并帮助她，当婴儿被放在马厩时，大声地表达喜悦的心情。[1]

在故事的后面，他告诉他的读者和圣母一起在耶路撒冷寻找年轻的耶稣（《路加福音》2: 48），当她找到耶稣时，她流下了如释重负的眼泪。

这种对基督尘世生活场景的情感认同，使得大约一个世纪之后，圣方济各第一次重演了《马太福音》和《路加福音》中的马厩场景。与此同时，这是一次更广泛的运动的一部分。这次运动的主要内容是实时上演《旧约》和《新约》中所有重要的事件，不仅在教堂里，而且节日期间在城镇的周围，届时所有的人都可以出来观看，大声地为神圣家庭送上鼓励，嘲笑基督的迫害者。德国诞生了一部流行的戏剧，它使家庭的圈子变得完整，在这部戏剧中，约瑟是一位深情的丈夫和

1　Aelred of Rievaulx, *A Rule of Life for a Recluse*, in *Treatises and The Pastoral Prayer*, trans. Mary Paul Macpherson (Spencer, MA, 1971), pp. 80–81.

父亲：

> 约瑟（抱着摇篮）:"玛利亚,我已经考虑好了,我给你带来了一个摇篮,我们可以把小孩子放在里面……"
> 玛利亚（唱道）:"约瑟,我亲爱的丈夫,请你帮助我摇晃这个小家伙。"
> 约瑟回应道:"我很乐意,我亲爱的小妻子。"[1]

*

当然,窥探基督慈爱的家庭是一回事,了解中世纪家庭的真实情况是另外一回事。毫无疑问,中世纪家庭的类型非常多。不过,理想的形象既能反映现实关系,又能作为现实关系的模型,这是有道理的。神圣不可解除的婚姻关系、夫妻债务的观念、生孩子的命令,以及抚养孩子使他们孝敬父母、成为好的基督徒的隐含义务——这些事情每周都在教堂里宣讲,并且,1215年之后,平信徒每年至少有义务参加一次。

的确,《以弗所书》6:1—4明确地说:"你们作儿女的,要在主里听从父母,这是理所当然的……你们作父亲的,不要惹儿女的气,只要照着主的教训和警戒养育他们。"母亲呢?我们看到一个早期的例子,9世纪的贵族妇女杜达（Dhuoda）住在法国南部,而她年幼的儿

1　Rosemary Drage Hale, "Joseph as Mother: Adaptation and Appropriation in the Construction of Male Virtue," in Medieval Mothering, ed. John Carmi Parsons and Bonnie Wheeler (New York, 1996), p. 105

子威廉在位于北部的国王的宫廷里。这个男孩是他父亲的人质, 杜达的丈夫伯纳德是加洛林王朝最有权势的人之一, 他曾与国王失和。杜达在给儿子的信中写道:"我很焦虑, 很想为你做点事情。" 这里的 "事情" 指写作一本手册, 里面充满了祈祷、诗歌和 "为了你的灵魂和身体健康" 的箴言。她还想提醒威廉 "你应该为我做些什么"。[1] 她为他们的一生而担忧, 从不质疑她丈夫的权利或者决定; 她告诉威廉以上帝的名义尊敬他的父亲; 她很直率地列出来她所有的优先事项。但是, 仅仅通过写作这本手册, 她坚持了自己、坚持了她作为母亲告诉威廉如何生活的权利。她的书不仅讲述了她对儿子的爱, 而且最重要的是, 讲述了儿子对她的义务。这些都没有改变她丈夫对她和他们家庭核心的父权控制。但这表明, 妻子们在履行自己的职责时, 很有可能会超越分配给自己的范围。

手册通常由男性神职人员而不是女性撰写。罗伯特·曼宁(Robert Mannyng)的《论处理罪恶》(*Handling Sin*, 1303)是一本实用的人生指导书, 它使用《圣经》和教会的教义——以迷人的中古英语双韵诗提供了当时英国的一些理想以及规范的社会期望。家庭之爱和它的义务经常出现。父母必须爱自己的孩子, 不应该因为他们的小错误而咒骂他们, 孩子应该对不听从父母的管教感到害怕。当孩子结婚的时候, 父母不应该试图从中获益, 而应该确保他们孩子的婚姻是出于 "坚定的爱"。[2]

父母的确可以从一桩富有的婚事中获益, 而且可能很多孩

1　Dhuoda, *Handbook for William: A Carolingian Woman's Counsel for her Son*, trans. Carol Neel (Washington, DC, 1991), p. 2.

2　Roberd of Brunnè [Robert Mannyng], *Handlyng Synne, with the French Treatise on Which it is Founded, Le Manuel des Pechiez*, ed. Frederick J. Furnivall (London, 1862), p. 345.

子也并不反对。不过也有例外，比如15世纪的玛芝莉·帕斯顿（Margery Paston）。她的家庭属于英国上流社会，野心勃勃，且正在上升时期。但是，她秘密地嫁给了家里的管家，并坚持（一旦她父母发现的话）她自己已经同意了这一结合，并且，"如果这些话不能使婚姻成为合法的结合，她也会当场使它合法"。[1] 她的婚姻是爱的婚姻。

但是，14世纪末一本可能是一个男人写的手册《好妻子指南》（*The Good Wife's Guide*）并不是关于爱情的。作者自称是一个富裕、年长的巴黎丈夫，他急于教导他十五岁的新娘，并且不是为了他自己（他是这么说的），而是"这样你就可以更好地服侍另外一个丈夫"。[2] 这本书就像色诺芬关于家庭的对话一样，不过篇幅长很多，他在书中详细地说明了妻子必须掌握的所有事情，以确保忙碌、舒适和井井有条的家庭生活。当他告诉她如何训练一只鹰寻找猎物再回到她的拳头时，我们看到，他的课程表面看起来是园艺、烹饪、娱乐、满足她丈夫的需要，实际上支撑这一切课程的，是一项基本的义务：服从。他为她提供了一位模范，那就是乔万尼·薄伽丘介绍到文学世界的耐心、顺从的格里塞尔达。在这个故事中，正如《好妻子指南》的作者津津有味地讲述的那样，有权有势的贵族沃尔特选择了一位善良、美丽的穷人的女儿作为妻子。在和她结婚之前，他要求她发誓在任何事情上都要服从他，"在言语上或行为上，在动作上或思想上"都不反抗。她同意了。在这个贵族权力日益强大的时代，故事里

---

[1] *Paston Letters and Papers of the Fifteenth Century*, pt I, ed. Norman David (Oxford, 2004), p. 342.

[2] *The Good Wife's Guide: Le Ménagier de Paris, a Medieval Household Book*, trans. Gina L. Greco and Christine M. Rose (Ithaca, NY, 2009), pp. 50, 108, 110.

的家庭即是国家的镜像。为了考验她的顺从和耐心, 沃尔特带走了他们的孩子, 据说是要杀了他们。就像约伯一样——甚至比约伯更加彻底——当她的丈夫对她满腹怨言时, 格里塞尔达没有表现出怨恨。最后, 沃尔特假装得到了教皇的许可与她离婚, 并娶了一个新的新娘; 格里塞尔达负责准备婚礼庆典。对于这一切, 格里塞尔达都尽职尽责地服从, 因为, 正如她告诉丈夫的那样:"任何让你高兴的事情, 也会让我高兴。"在"幸福的结局"中, 这个不愿意给予信任的丈夫终于相信了她, 并表明这一切都只是一场考验, 现在可以合家团聚了。在这里, 义务的幻想已经成为一种反常的行为: 即对他人的完全控制。

一些女性内化了沃尔特的理想, 或者至少宣扬了它。因此, 即使早年丧偶的克里斯蒂娜·德·皮桑 (Christine de Pizan) 也是如此, 她作为一名作家能够靠自己的收入养活自己和她的家庭, 并且是一位原始女权主义者, 在以"有名望的女人和值得称赞的女人"结束她的著作时, 还是告诫道:

> 诸位已婚女士, 不要蔑视服从你们的丈夫, 因为有时候, 对于一个生物来说, 独立不是最好的事情……那些拥有平和、善良、谨慎、对她们一心一意的丈夫的女人, 赞美上帝的这种恩惠吧……而那些拥有残暴、卑鄙和野蛮的丈夫的女人, 应该努力忍受他们, 并且努力克服他们的恶习。[1]

---

1 Christine de Pizan, *The Book of the City of Ladies*, trans. Earl Jeffrey Richards (rev. edn, New York, 1998), pp. 11, 255.

这是对官方观点的模仿。

但这并不是官方观点的全貌。正统的法律还呼吁配偶之间相互照顾。这项被法律称为"婚姻之爱"的要求,以及新娘和新郎必须自愿同意结婚的规定,给了一些妻子(以及一些丈夫)在教会法庭上提出婚姻争议的机会。中世纪后期,在卡塔尼亚(西西里岛)的主教法庭判决的案件表明,丈夫也有义务:他们因遗弃、未能赡养妻子和孩子,或者因为有时通奸而受到惩罚。当两个年轻人贝塔和乔瓦尼对他们的订婚提出异议时,他们认为这件婚事只有他们的父母同意,正如贝塔所说,她"从来没有想过和他订婚或结婚,我过去不想要他,我现在也不想要他"。于是,法院裁定订婚无效。[1]

你需要的只是爱?

在18世纪,在夫妻之间以及痴情人之间的信件中,爱的言语无处不在。欧洲人急于探索、开发和征服新大陆和非洲,这使得书信常常成为保持联系的唯一方式。识字的普及推动了这种书信活动的展开,定期邮递服务的建立使情侣甚至可以通过信件求爱。获得心爱之人的**同意**并不是什么新鲜事——长久以来,这是使婚姻有效的必要条件。此外,在一些圈子里,爱情应当**先于**婚姻的观念曾一度是一种文化理想(我们已经看到过这种观念的火花,我们将在第四章看到更多)。启蒙运动的新思想是,人们**普遍**认为,如果准备结婚,男女首先

1　Quoted in Fabrizio Titone, "The Right to Consent and Disciplined Dissent: Betrothals and Marriages in the Diocese of Catania in the Later Medieval Period," in Fabrizio Titone, ed., *Disciplined Dissent: Strategies of Non-Confrontational Protest in Europe from the Twelfth to the Early Sixteenth Century* (Rome, 2016), p. 150, n. 40.

应当相爱。而且，至少在新教国家，这种思想将修士和修女逐出修道院，要求牧师有家庭，几乎每个人都必须结婚。与此同时，新教神学家甚至比天主教神职人员更为坚决地认为婚姻是爱的结合。因此，找一位相爱的伴侣成为某种义务。

在18世纪，求爱时人们互写情书——多年来人们求爱交换的情书都是用最好的纸张精心书写，充满了表达情不自禁的爱的附言，这些信件见证了通常作为婚姻前奏的感情。来自男性的书信往往比较坚定自信，来自女性的书信比较谦虚，且常常具有试探的性质。二者都呈现出男性和女性表达情感的文化模式（见图3）。即使在今天，当人们希望表达他们的爱和其他感受时，他们通常会从熟知的路径寻找指引。这并不会让感觉变得不那么真诚——事实上，在这种事情上我们不可能完全原创，否则我们将难以被理解。18世纪有足够多现成的模式。有些是抄本，它们提供走向婚姻之爱的宣言范本，另一些是婚外情的邀请（见下一章）。在任何情况下，信件都是恋人计划的关键。理查森的《帕梅拉》（*Pamela*）和卢梭的《新爱洛伊丝》（*The New Heloise*）等小说完全通过书信而非叙事来呈现主人公。

然而，并非所有的求爱模式都是书信形式。《求爱的艺术，或爱的学校》（*The Art of Courtship; or The School of Love*）半开玩笑地写下了托马斯和莎拉这对恋人之间的一段对话，由托马斯开始："哦，我的爱人，多么高兴遇到你。"莎拉谨慎地回答："我太聪明了，不会相信男人说的一切。"当他再三表达爱意时，她不再拐弯抹角："好吧，跟你直说吧汤姆，因为我无法再坚持下去了，如果你真像你说的那样爱我，那就按照你的想法，咱们尽早结婚吧，到时候请按照你的想法行动吧。至于我们的命运，它们非常平等，所以不要介意。"（在

图3:《听到情人的声音》(约1785年),路易·马兰·博奈(Louis Marin Bonnet)绘。在这幅画中,一位热切的追求者摆出谦卑的姿势,而女士则竖起耳朵,侧目注视着他。该画非常受欢迎,南特的一家纺织品制造商批量生产它。

这里,爱情显然不是明智的莎拉唯一考虑的事情。)汤姆以欣喜若狂却又略为平庸的诗句回答说:

> 如果你同意[成为]我迷人的新娘,
>
> 我会放逐所有的忧虑,当你躺在[我的]身边
>
> 气喘吁吁之时,夜色将掩盖你的红颜。
>
> 夜晚是初生之爱的隐蔽之处,

　　　　　　　　第三章　责任义务

它将使你知道我的爱有多深。[1]

显然，莎拉的义务从床榻开始，但他们会继续承担传统的家务。18世纪中期，费城一位富有且受过良好教育的年轻女性伊丽莎·穆德（Eliza Moode）在给朋友的信中提到了一个她们都认识的男人：

> 他认为我们生活中所有的事务只是学习如何制作香肠、烘烤肉块以及照看房子、厉行节俭吗？我承认这一切都是必要的。但是，我们难道不能在承担这些事的同时照料好我们的心灵吗？难道我们需要因为害怕冒犯我们的主人而忽视最宝贵的部分吗？[2]

"我们的主人"！在充斥着奴隶和奴隶主的殖民地时期的美洲，伊丽莎实际上使用了一个非常强烈的词。然而，她承认女性照顾家庭确实是"必要的"。如同色诺芬的模范妻子和《好妻子指南》中尽职尽责的妻子一样，她接受了所有期望，尽管她对自己的生命因此受限而感到恼怒。

在伊丽莎思考妻子的任务之前的半个世纪，法国女人马德莱娜·德·斯屈代里（Madeleine de Scudéry）可以依靠她的小说收入过得很好，从而完全避免了婚姻。她也不想找一个情人，因为找情

1　Anonymous, *The Art of Courtship; or The School of Love* (London,1750), pp. 1–5.
2　Quoted in Nicole Eustace, *Passion Is the Gale: Emotion, Power, and the Coming of the American Revolution* (Chapel Hill, NC, 2008), p. 120.

人有伤心的可能、怀孕的可能以及随之而来的生育风险。相反，她提出并培养了一种极其精致的爱，一种男女之间的友谊——她将其称为"温柔"。它没有床第之欢。即使如此，如同情爱一样，它也有赖于男性的热情追求。在她的畅销书《克雷利》（*Clélie*）中，女主人公为她的准爱人，或者更确切地是"朋友"提供了一张"温柔地图"。就像在儿童游戏"糖果世界"中，玩家必须从底层开始：他们从"新的友谊"开始，必须向上穿越一条布满挑战的狭窄道路。目标是"感激"和"尊重"。在这条路上，这位新朋友必须造访"顺从之城""情书之城""尊重之城"和其他许多城市——避免走上"流言蜚语"或者"反复无常"的道路，或者（最糟糕的是）淹死在"敌意"或者"冷漠"的湖泊之中。地图顶端是"危险之海"，更远处是未知之地——大概是发生性行为的地方。《温柔地图》创作于欧洲人热衷探索、征服新大陆的时期——约翰·但恩（John Donne）可以把给情妇宽衣比作探索美洲，这张地图是一个女人对男性幻想的大胆回答。男人可能（就像但恩那样）希望女人"恩准我漫游的手，让它们去走：上上、下下、中间、前前、后后"。[1] 但是，斯屈代里创造了一个让这些双手只能写情书的世界。斯屈代里世界的责任落到了**男人**身上——他们选择在地图上机敏地前进，还是到达一个悲惨的死胡同，女人则判断他们的方向是否正确。在她每周六定期举行的沙龙上，斯屈代里打扮成古希腊的爱情诗人萨福（Sappho），她的男性崇拜者身着其他历史或神话人物的服装。这不仅仅是一场游戏，因为它持续了好几年；斯屈代里与同样为作家的保罗·佩利松（Paul Pellisson）的亲密友谊在她

1　John Donne, "To His Mistress Going to Bed" [1654], Poetry Foundation, bit.ly/0096DAm.（原文引自《约翰·但恩诗集（修订版）》，傅浩译，上海：上海译文出版社，2016年，第59页。——译者注）

去世前不久才结束。但是，它也许可以被比作今天的角色扮演游戏，至少是那些需要专注、奉献和延迟满足的游戏。

*

无论是对爱情的追求，还是斯屈代里对温柔的追求，都没能清楚地说明，一旦一个人真正结婚、越过危险之海之后，生活会是什么样子。在19世纪，浪漫小说如夏洛蒂·勃朗特的《简·爱》（*Jane Eyre*）以"读者，我嫁给了他"结尾。[1] 或者，与古斯塔夫·福楼拜的《包法利夫人》（*Madame Bovary*）一起，它们共同探索了一段婚姻的悲剧结果——这段婚姻没有抵达小说和漂亮图画书预期的幸福结果——"书里讲的总是恋爱的故事，多情的男女，被逼得走投无路、在孤零零的亭子里晕倒的贵妇人……阴暗的树林，内心的骚动，发不完的誓言，剪不断的呜咽，流不尽的泪，亲不完的吻……情郎勇敢得像狮子，温柔得像羔羊，人品好得不能再好"。[2] 艾玛·包法利婚前以为自己爱上了丈夫，后来却发现他并不是她梦想中"头盔上有白羽毛的骑士"，[3] 而是一个"谈起话来，像一条人行道一样平淡无奇"[4] 的乏味平庸之人。当她发现和情人在一起感到兴奋时，她觉得自己终于进入了小说中女主人公所生活的"幸福的狂热"的境界，[5] 但很快她就

1　Charlotte Brontë, *Jane Eyre* (New York, 1899), p. 550.
2　Gustave Flaubert, *Madame Bovary*, trans. Lowell Bair (New York, 1972), pp. 31–35, 140, 147.（译文引自《包法利夫人》，福楼拜著，许渊冲译，南京：江苏凤凰文艺出版社，2018年，第39页。——译者注）
3　译文引自《包法利夫人》，第39页。——译者注
4　同上书，第44页。——译者注
5　同上书，第176页。——译者注

想要"一个戒指,一个真正的结婚戒指,表示永久的结合"。[1] 她和情人的生活并不是永久的,它很快就结束了。但是,即使它是永久的,即使他们从此永远生活在一起,然后呢?和情人在一起的家庭生活可以满足她的渴望吗?

在福楼拜写作的时期,美国中产阶级白人,尤其北方的中产阶级,正在精心设计求爱仪式,以确保艾玛难以捉摸的那种幸福,他们把希望寄托在了解彼此的"真实自我"。[2] 如同18世纪,他们将写信作为重要的表达媒介;但是现在,一个世纪过去了,他们要求的远远不止爱的表白。他们想要自我表露。"我生命中最大的乐趣之一就是你的思想和情感的自由流露。"艾伯特·贾宁(Albert Janin)在追求瓦奥莱特·布莱尔(Violet Blair)时这样写道。一本书信范文集的编辑为自己提供"模范"情书而道歉,因为"合适的文字只能源自人类心灵的最深处"。一位年轻女子恳求她沉默的未婚夫:"詹姆斯,把一切都写给我。也许对你来说是一种慰藉。让**我**来分担你的烦恼。让我知道你的烦恼。我能与你共情。"在这里,坦白的义务与志同道合的幻想相融相汇。同样,小说家纳撒尼尔·霍桑(Nathaniel Hawthorne)在19世纪30年代追求索菲亚·皮博迪(Sophia Peabody)时,他声称她的信"让我越来越深入地了解你,但我对其中的所见、所感和所知并不感到惊讶。我熟悉你的内心,就如同熟悉我的家"。

天主教徒长期以来习惯承认自己的罪行;不信奉英国国教的美

1　译文引自《包法利夫人》,第185页。——译者注
2　See Karen Lystra, *Searching the Heart: Women, Men, and Romantic Love in Nineteenth-Century America* (New York, 1989), from which all the letters in this section are taken, pp. 32, 14, 36, 197.

国人习惯在上帝面前寻找自己的灵魂，他们有时候还习惯在全体会众面前提供他们属灵进步的证据。开始于18世纪末的浪漫主义运动（见第四章）将社会习俗、公共礼仪和规定的礼节与"真实的"思想、私人激情和不加掩饰的真诚对照。对于19世纪的情书作者而言，思考和表达他们内在的自我是一种责任；培养他们独特的个性，从而掩饰它，也是一种责任。接吻和爱抚成为求爱仪式的一部分，因为性也被理解为身体和灵魂自我表露的一个方面。

尽管他们对一切都很坦诚，情人（尤其是男性求爱者）通常还需要通过测试来证明他们坚定不移的爱。在某种意义上，这些考验代替了父母的决策；女性对求爱者设置重重障碍，这样可以减少对自己"自由"选择的怀疑。因此，即使瓦奥莱特·布莱尔向艾伯特倾吐心声之后，她对他也进行了最大限度的考验：有时候假装他有一个情敌，有时候"有点"打断他们的恋爱，有时又予以他借口，使他自己这样做。他极为出色地通过了这些挑战。即使如此，瓦奥莱特还是预见到了前方的麻烦："行医（medicine）、殉道（martyrdom）、谋杀（murder）和结婚（marriage）都以'M'开头，'M'是一个多么不吉利的字母。"

她非常清楚，一旦一对夫妇结婚，他们的求爱义务往往就会结束，因为他们各自都承担起了既定的性别角色：男人擅长家庭之外的公共生活，女人则负责家里的柴米油盐。大多数夫妻都愿意区分浪漫的激情和婚姻的平静。但这并不能自动转化为满足感。总的来说，当男人沐浴在家庭幸福的光辉中、陶醉于"我们自己的一个愉快小家"时，女人往往渴望求爱仪式所暗示的承诺——一种和谐的婚姻，其中双方敞开心扉、以诚相待，成为确保双方满意这一共同事业的伙伴。

不过，这种情况很少发生。

从20世纪20年代开始，指南书籍、杂志文章和小说开始提供新的方法来保持婚礼后很长一段时间之内如求爱和恋爱期一般的活力。第一次世界大战使人们的价值观和传统发生了翻天覆地的变化，其中包括解放"新潮女郎"。甚至在此之前，哈夫洛克·霭理士（Havelock Ellis）的性学和西格蒙德·弗洛伊德的精神分析已经赋予了情爱生活新的意义。在这些变化之后，玛丽·斯特普斯（Marie Stopes）关于婚内性的畅销书告诉丈夫们每个月都要赶上妻子的"爱潮"，她附上了女性情欲涨落的图表；建议丈夫们把每一次同房都变成"崭新的求爱"时刻——这与夫妻义务或妻子顺从的概念形成了鲜明的对比。[1] 但是，当丈夫们有义务留心"爱潮"的时候，妻子们也有义务：她们必须保证丈夫们拥有自己之外的活动，并且，她们自己也应该培养家庭之外的兴趣。斯特普斯预见到未来的家庭不仅会创造孩子（她提倡节育），还会创造一个"超物质实体"，它代表着"男人和女人爱的完美结合"。然而，这并不是那些自我表露的情书似乎向一些19世纪女性承诺的那种"同伴式的婚姻"。

事实上，战后的其他专家和小说家都认为，为了婚姻和谐，女性应该做出大多数必要的调整——在合理的预算范围内管理家庭、抵御日趋消费导向的社会所带来的诱惑、听从丈夫的性要求。流行小说家、杂志撰稿人和编剧埃莉诺·格林（Elinor Glyn）确实给男人安排了一点儿婚姻任务："注意你的风度和你的礼貌……想一想那些能让你的妻子开心的小事……试着记住那些对她而言具有情感意义的

1　Marie Carmichael Stopes, Married Love: *A New Contribution to the Solution of Sex Difficulties* (London, 1919), pp. 93, 108.

纪念日——给她带一些小礼物，最重要的是对她**说**一些动听的话。"[1]
与此同时，她建议妻子们"始终对他保持甜蜜和深情，这样无论他在
与许多其他女性的相处中经历了怎样的糟糕脾气和反复无常，他的
记忆中永远只有家庭的爱与平和"。旧的双重标准，旧的区分领域的
要求——男主外，女主内。然而，格林愿意把婚姻不幸的责任推到夫
妻双方身上，告诉他们**必须**说对不起，必须"和好"，必须停止愤怒。

*

"你需要的只是爱"的幻想实际上包含了两个故事。第一，只有
在今天，我们才把婚姻（或者终身伴侣关系）与爱情联系在一起；第
二，因为这种爱，过去基于父权传统或誓言，或两者兼而有之的义务
现在应该由于爱而自动完成。这些故事的基础既是对过去的误解，又
是对现在的误解。的确，人们总是期望有分工：家务领域属于妻子；
工作、旅行、兵役、公共生活属于丈夫。但是，除了这些义务之外，爱
情整体而言是婚姻的**题中之义**，有时甚至是婚姻的基础：奥德修斯选
择了他的妻子而不是女神的爱；西塞罗在流放中失去了特伦提娅；
伪保罗将爱作为丈夫的责任；教会宣布婚姻是爱的圣礼；早期的现
代情侣通过书信表达爱意；玛丽·斯特普斯告诉丈夫们如何保持激
情。当然，过去也有悲惨的婚姻，即强迫的婚姻和无爱的婚姻（比如，
如果不是当地教会法庭的判决，贝塔和乔瓦尼可能会进入的婚姻），
或者虽然不是强迫，却也缺乏爱情的婚姻（正如今天许多离婚所见证

1　Elinor Glyn, *The Philosophy of Love* (Auburn, NY, 1923), pp. 220–221, 226, 216.

的那样）。

在今天的西方，大多数人都是因为爱情而结婚。然而，至少在工业化的世界，家庭以外的领域属于丈夫和妻子双方。在1948年的美国，28.6%的劳动力是女性；2016年，这一数字几乎翻了一番，达到了46.8%。1975年，三岁以下儿童的母亲占劳动力的34.3%；到了2016年，这一比例已经攀升至63.1%。[1] 然而，除了一些特例以外，男性和女性都没有放弃过去的期望。问题是，现在家务已经成为阿莉·霍赫希尔德（Arlie Hochschild）所说的女性的"第二轮班"（a second shift），她们通常承担大部分家务以及照顾孩子的工作——平均每天比男性多工作两个小时。[2]（有趣的是，2007年发表的一项研究表明，与异性恋家庭相比，同性恋家庭分担家务的负担更加公平。）[3] "第二轮班"一词是由霍赫希尔德采访的一位匿名女性创造的，尽管这位女性"强烈地反对家务是一种'轮班'的观点，她的家庭是她的生命，她不想使它沦为一份工作"。[4] 她反对这一点，但是这是真的——或者，至少人们的感觉是这样的。她的"家庭就是她的生命"，不过她在家庭之外还有一份工作——就好像色诺芬的妻子（为了她自己！）安排了家庭和财产的任务：蜂后和工蜂集于一身。

如今，许多女性发现第二轮班不仅仅是劳动，而且是霍赫希尔德

1　U.S. Department of Labor, Women's Bureau, at bit.ly/3nem7m6.

2　Arlie Russell Hochschild with Anne Machung, *The Second Shift: Working Families and the Revolution at Home* (new edn, New York, 2012), p. 4. 东欧和西欧国家呈现出相似的数据，参见 Lina Gálvez-Muñoz, Paula Rodríguez-Modroño, and Mónica Domínguez-Serrano, "Work and Time Use by Gender: A New Clustering of European Welfare Systems," *Feminist Economics* 17/4 (2011): 125–157, at p. 137。

3　Lawrence A. Kurdek, "The Allocation of Household Labor by Partners in Gay and Lesbian Couples," *Journal of Family Issues* 28 (2007): 132–148.

4　Hochschild and Machung, *The Second Shift*, p. 7.

第三章　责任义务

所提出的"情绪劳动",即以某些方式去"感受"的劳动。[1] 杰玛·哈特利(Gemma Hartley)在她的书中反复使用这个词,主要描述打理家务和外出工作所包含的挫折、愤怒以及纯粹的疲惫。她认为女孩从小就被(她们的家庭、学校和榜样)训练来管理她们"伴侣的情绪——预测需求,先发制人,维持和平"。[2] 她认为,妇女必须承担起所有生育和抚养孩子的具体责任——即使她们的丈夫可以提供"帮助",而且,她们必须在这样做的时候努力感到快乐,不论她们多么疲惫不堪、怨恨愤懑。她们是在演戏,她们允许各种期望——自己的期望、他人的期望来掌控自己的心灵。"为什么我们现在更加重视真实自然、不受约束的感觉呢?"霍赫希尔德问道,"答案肯定是它正在变得稀缺。"[3]

"你需要的只是爱"的观点在20世纪60年代和70年代达到了巅峰。当美国正在进行一场备受反对的战争、欧洲的学生要求教育改革时,"自由恋爱"和"内在真实"的理想正在普及。在美国,管理者对工作也推崇同样的价值观,似乎延长工作时间和减少工资的现实是次要问题,因为工作是"有意义的"。"选你所爱"是硅谷的颂歌。[4] 可以说,这种同样自私的倡导,是"你需要的只是爱"这一意识形态的"管理者"。这首歌本身是由几个年轻人创作和表演的。《爱情故事》这部小说是由一个男人写的,他使用一个虚构的男人奥利弗的声

---

1 Arlie Russell Hochschild, *The Managed Heart: Commercialization of Human Feeling* (Berkeley, CA, 1983).

2 Gemma Hartley, *Fed Up: Emotional Labor, Women, and the Way Forward* (New York, 2018), p. 7.

3 Hochschild, *The Managed Heart*, p. 194.

4 Jamie K. McCallum, *Worked Over: How Round-the-Clock Work is Killing the American Dream* (New York, 2020), pp. 136, 147.

音叙述。如果我们更加仔细地阅读这部小说，我们会发现，事实上，詹妮毫无疑问地接受了与奥利弗的婚姻对她的所有要求：放弃学习音乐的奖学金，在丈夫就读法学院时资助他，下班回家后用微薄的预算做晚饭，当然还有改变她的名字。但这部小说的自负之处在于，她所做的一切都是出于爱。

这种强大的"不应有完成义务感"的观念与另外一种理想——伴侣式的婚姻有冲突之处。这种婚姻要求双方共同工作、共同照顾孩子、共同照料家务。当这一切没有以双方想象的方式发生时，他们就会问自己：他/她真的爱我吗？《女超人综合征》（*The Superwoman Syndrome*）一书认为女人可以完成所有的事项，其作者玛乔丽·汉森·谢维茨（Marjorie Hansen Shaevitz）承认，即使是她也曾经想象过，如果她的丈夫"真的爱"她，他会"看到我工作有多么努力……他会非常乐意想办法拯救我"。[1] 他没有。相反，他抱怨说，像他这样的男人已经做了很多事情，他们厌倦了女人的抱怨，很可能随时抛弃自己的妻子，"找别人来照顾他们"。事实上，他说，如果她**真的**爱他，她会感激他所做的一切，并且不再唠叨着让他做更多的事情。

奥利弗和詹妮的理想与安东尼·吉登斯（Anthony Giddens）提出的"合流之爱"（confluent love）具有更大的冲突，后者"假定在情感上的给予和接受是平等的"。在这种爱中有很多义务，这取决于"双方准备向对方透露关切和需求的程度和在对方面前的脆弱程度"。[2] 这甚至比19世纪求爱的恋人强加给彼此的义务更为苛刻，因

---

1 Quoted in Hochschild, *Second Shift*, pp. 27-28.
2 Anthony Giddens, *The Transformation of Intimacy: Sexuality, Love and Eroticism in Modern Societies* (Stanford, CA, 1992), pp. 62-63, 94, 63, 137.

第三章　责任义务

为它不仅要求从爱情中获得自我揭示，还要求获得"自我发展"（这是爱情的"第一任务"）。吉登斯在20世纪80年代后期的作品中称其为"纯粹的爱"，并认为它正在成为他那个时代年轻人爱情生活的特征——考虑到现代性对个体自主性和个性的强调，它**必须**如此。它不一定是一夫一妻制，而是有赖于伴侣双方"都能从关系中获得明显的好处，从而使这种关系值得继续下去——直到'另行通知'"。

吉登斯认识到，被"通知"的伙伴可能——几乎肯定会——感到痛苦。（他承认）即使在一段稳定的恋爱关系中，焦虑也占据着主导地位：一个人总是在问"她是真的爱我，还是我爱她更多"。不过吉登斯似乎仍然很确定，这样的理想是可能的，其秘诀在于平衡自主性与依赖性。但是，最近的研究表明，即使在西方社会，互惠互利也不一定是许多现代夫妻的理想状态。这取决于年龄、阶级、性取向、政治信念、宗教信仰、更广泛的社会网络以及许多其他因素。而且，即使合流是完美的，"生活经验"的现实很少可以达到标准。[1]

几年前，在一篇引起广泛讨论的文章中，阿兰·德·波顿（Alain de Botton）为了减轻夫妻对合流之爱（更不必说浪漫关系）的失望，认为这种可能性本来就很低。我们需要摒弃"会有一个完美的存在可以实现我们每一个需要、满足我们的每一个渴望"的思想，"我们需要把浪漫主义的观点换成一种悲剧性质的（有时是喜剧性质的）清醒意识，即每个人都会令我们沮丧、愤怒、恼火、抓狂、失望——而我们也会（毫无恶意地）对他们做同样的事情"。这是合流之爱的反

---

1 Jacqui Gabb and Janet Fink, *Couple Relationships in the 21st Century* (Basingstoke, 2015), esp. chap. 2.

面。这是扑灭对爱情的某种幻想（也许是对爱情的所有幻想）的尝试，它没有给我们其他选择，只是让我们觉得伴侣是一个"不算太错"的人。[1]

奈飞公司（Netflix）的电影《马尔科姆和玛丽》（*Malcolm & Marie*, 2021）是对《爱情故事》中非义务性质的爱情的回应，这部电影不像德·波顿的解决方案那么悲观。主人公是一对相恋已久的夫妻，两人都是专业人士。他是一位刚刚成功的电影制作人，她是一位不成功的演员。在他声名鹊起的电影的VIP预演会上，他感谢了所有参与人——除了她。她先为自己抚平了伤痛，然后向他表达她的感情（正如合流关系所要求的那样）。他道歉了。但是，这还不够，两人在电影的大部分时间里轮流争吵，他们的话越来越尖刻、越来越伤人。他们试图"忘记"，试图做爱，却都没有成功。双方都有对方亏欠了什么但没有给予的幻想——这在他们争论的过程中浮现了出来。她已经给予他自己的一切（事实上他的电影是根据她的生活改编的），他应该心存感激。他帮助了她（当他认识她时，她是一个瘾君子），她同样应该心存感激。这部电影的寓意，如果我可以简化的话，就是爱意味着记得说"谢谢"。马尔科姆和玛丽不可能像吉登斯所说的那样完全"容易受到彼此需求的影响"，但他们也不需要满足于德·波顿所说的"足够好的"伴侣。每个人都欠对方很多，他们需要说"谢谢"——对自己，对彼此，对世界。

这是一个开端。

1　Alain de Botton, "Why You Will Marry the Wrong Person," *New York Times* (May 28, 2016), at https://nyti.ms/2NopgCs. He elaborates on the point in bit.ly/3yGZbSv.

*

今天，因为爱情而结婚已经非常普遍。爱情作为一种理想是婚姻的题中之义：自奥德修斯回到佩内洛普身边以来，在西方传统中或多或少都是如此。但是，责任也同样是题中之义，它常常在婚礼誓言中获得阐明。现在，我们生活在战后夫妻共同拥有收入的世界。可以说，新的形势需要新的誓言，但是我们根本不需要誓言的观念却极具讽刺地强化了旧有传统，尤其是将家庭空间留给女性的传统。事实上，在2019至2020年新冠疫情期间，"三分之一的职场母亲报告说，她们是[孩子的]主要照顾者，而只有十分之一的职场父亲照顾孩子……孩子们和远程办公的母亲在一起的时间是和远程工作的父亲在一起的时间的两倍之多。远程办公的父亲在远程办公的日子里会增加照顾孩子的次数，但是没有增加家务劳动的时间"。[1] 甚至色诺芬也知道，照顾孩子和家庭是严肃且重要的工作，而远程工作的出现使照顾家庭和在"外"工作的区别对许多夫妇而言意义不大。新的誓言可能不是旧习惯的良药，但是它们可能会有所裨益。今天的义务需要相应的基础，包括改变男性气质和女性气质的观念、调整工作场所的观念。总而言之，重新分配"工作"的时机业已成熟，重新定义"义务"的时机也已成熟。

1　Allison Dunatchik, Kathleen Gerson, Jennifer Glass, Jerry A. Jacobs, and Haley Stritzel, "Gender, Parenting, and the Rise of Remote Work during the Pandemic: Implications for Domestic Inequality in the United States," *Gender and Society* 20/10 (2021): 1–12, at p. 4.

第四章

痴情一片

佩内洛普涕泪连连、不可自抑，这是她对奥德修斯的爱的表达。当她等待着可能永远不会发生的回归时，泪水浸湿了这对夫妻的婚床。这时，只有诗人的听众知道奥德修斯正在回家的路上。荷马拉长了佩内洛普悲伤的时间，使她绝对是**最后**知晓丈夫已经抵伊塔卡岛的人。她对丈夫的回忆坚定不移、忠贞不二，这是她最为显著的特点。

今天，她的类型依然存在。20世纪40年代初，贝丝·戈尼克（Bess Gornick）在丈夫去世后，总是睡在一张沙发上。很多年来，她几乎一动不动（尽管她不得不去上班）。她唉声叹气、少言寡语并且拒绝一切安慰。"哀悼爸爸，"她的女儿维维安写道，"成了她的职业、她的身份、她的角色。"[1] 贝丝四十多岁，聪明能干，但自从丈夫去世以后，她对未来幸福的希望完全破灭了。快到八十岁时，她仍然在为自己的失去而哭泣。这时维维安责备她："你想停留在爸爸的爱的念头之中。这太疯狂了！你已经在爱的念头里待了三十年。"

1　Vivian Gornick, *Fierce Attachments: A Memoir* (New York, 1987), pp. 76, 203.

停留在"爱的念头之中"并不是女性独有的特征。想想"当一个男人爱上一个女人/他无法考虑任何别的事情"这句歌词。在歌里，男人深深痴迷于女人。尽管她还活得好好的，他已经预料到他将失去她，并且痛苦至极："她会给他带来这样的痛苦/如果她把他当成傻子调戏的话。"这首由美国人珀西·斯莱奇（Percy Sledge）演唱的歌曲是1966年的热门歌曲，它的情感在今天仍然能够引起共鸣，它在视频网站（YouTube）上一个现场演绎版视频下的评论即是佐证："你能感受到他声音之中的痛苦，超凡脱俗"，该评论获得32个赞；"这首歌每次都会触动我的灵魂"，该评论获得493个赞；"这就是我爱我妻子的方式"，该评论获得323个赞。[1]

痛苦、狂喜、专注。"我无疑是这样的了，"简·奥斯汀笔下的爱玛在回想弗兰克·丘吉尔时说，"这种没精打采，懒懒洋洋，痴痴呆呆，也不想坐下来做点事，觉得家里的一切都那么沉闷乏味！我肯定坠入了情网。"[2] 古代和中世纪的医生对这种症状的了解程度不亚于奥斯汀，这就是相思病。今天，一些科学家把它比作上瘾。

被蔑视的痴情

尽管佩内洛普的类型已经存在，古代世界对此仍然普遍不认可，甚至嘲笑我们与浪漫联系在一起的这种爱，即我们说自己"坠入爱河"时所指的这种爱。希腊人认为女人是软弱的，所以她们当然容易

1　Lyrics at bit.ly/3fdhl4u © Pronto Music, Mijac Music, Quinvy Music Publishing Co; live performance and comments at bit.ly/3d6AXGx. The song's popularity is discussed in the Wikipedia article at bit.ly/3cRLYgM.
2　译文引自《爱玛》，奥斯丁著，孙致礼译，南京：译林出版社，2023年，第289页。——译者注

受到这种爱的影响。但男人应该更加强大。在柏拉图的《会饮》中，发言者之一是破门而入的阿尔基比亚德斯（Alcibiades）。他醉醺醺地来到这里，感到嫉妒、愤怒、悲哀，因为他对苏格拉底非常着迷。他说，每次听到苏格拉底讲的话，他都会被征服："心跳，泪流……我从未受过这样的委屈……灵魂从未这样生气——因为我像是被绑起来当了俘虏！……我（现在）所拥有的（生命）是不值得活的。"[1]这些话出自一位富庶、尊贵的雅典贵族之口——他自己也是许多奴隶的主人，这真是令人震惊。他只想待在苏格拉底身边，但这是一种痛苦。"我经常会很开心地设想他已不活在人世，但要是这样的事情真的发生了，我很清楚我会非常、非常地伤心。"（215e—216c）[2]很久以前，当阿尔基比亚德斯对自己的魅力充满信心时，他曾经想象苏格拉底成为他的导师和爱者。这样就太好了：他将帮助他、怂恿他求爱。然而，即使安排苏格拉底在他的住处度过一晚，即使阿尔基比亚德斯爬到毯子下抱住这位老人之后，他们仍然"就像和父亲或者兄长睡在一起一样"（219d）。[3]多么令人难堪！阿尔基比亚德斯的爱情混乱且不得体。苏格拉底作为超越之美的爱者，仍然保持着冷静——他显然是这场游戏的赢家。

*

如果阿尔基比亚德斯为自己对另一个男人热情似火、一厢情愿

1　译文引自《会饮》，第68页。——译者注

2　Plato, *Symposium*, trans. Alexander Nehamas and Paul Woodruff (Indianapolis, 1989). 引用以节号标注。（译文引自《会饮》第69页 ——译者注）

3　译文引自《会饮》，第73页。——译者注

的爱而感到羞愧，那么请想象，在古希腊，当一个男人热烈地爱上一个女人时，该多么令人羞愧！尤其在这种爱情并不正当，有悖于正确的秩序、宇宙的秩序时。正如色诺芬所了解的，选择新娘是家庭的事情。新娘只有即将结婚之时，才可以得体地醉心于爱情。这就是在图4中厄洛斯可以在年轻女

图4:《厄洛斯》（背面）。厄洛斯飞到一位准备结婚的女子身边，轻轻抚摸着她的肩膀，准备为她戴上花冠。她坠入了爱河。

子准备婚礼时把花冠放在她头上的原因。在其他任何时候，女人热烈的爱情都只是魔法或春药的结果，是种种外部力量介入的结果。

　　少数医生秉持不同意见，他们认为爱来自内心。这是一种类似忧郁症的灵魂与身体的疾病，是塑造人类生理机能的体液之一——黑胆汁过多的结果。正如亚里士多德或他的追随者所写的："那些拥有大量热黑胆汁的人会变得疯狂，或者聪明，或者色情，或者容易感到愤怒、感到不满……"[1] 后来，在罗马化的世界，盖伦（Galen）声称找到了缓解情爱痛苦的良方，他的著作将成为后世医学的基础：

　　　　我认识一些男人和女人，他们被激情之爱所打动，变得怅然若失、寝食难安，然后因为爱情以外的东西又染上短暂的热病……当我们发现消耗他们的是爱情时，我们没有告诉他们，更

1　Aristotle [?], *Problems* 30.1. (954a 30), in *The Complete Works of Aristotle*, ed. Jonathan Barnes (Princeton, NJ, 2014).

没有告诉别人我们的发现，直接为他们开出了沐浴、饮酒、骑马、娱乐视觉、娱乐听觉的处方，我们……引起了[他们]对不公正的愤慨、对竞争的热爱和战胜他人的渴望，这取决于每个人对他自己选择的兴趣。[1]

在这个享乐至上、竞争激烈的社会，娱乐、荣誉和赞颂是治疗相思病的良方，但是，这种疾病**真正**的根源如此可耻、令人痛苦，以至于连备受折磨的情人都拒绝承认这一点。

娱乐、荣誉和赞颂可能可以解决问题，但是在盖伦的时代，许多罗马人更看重自律与责任。事实上，我们几乎可以说在罗马有两种相思病的情感共同体：一种共同体重视它，认为它既玩世不恭又令人痛苦，既漫不经心又萦绕于心，而且还有些愚蠢；另一种共同体则拒绝这样的爱，认为这种爱是轻浮的，甚至是疯狂的。

我们可以在罗马诗人卡图卢斯（Catullus）的作品中看到第一种情感共同体。他写作的时代和西塞罗给特伦提娅写信的时代接近。卡图卢斯在对他和他的"莱斯比娅"（Lesbia）的婚外情亲密细节的描写中磨练了他的文学技巧——"莱斯比娅"这个名字是根据萨福发挥她自己诗情的莱博岛而来的。

> 我的莱斯比娅，让我们尽情生活爱恋……
> 给我一千个吻，然后给一百个

---

1 Galen, *Commentary on Epidemics* 6, pt 8, lemma 62c, trans. from the Arabic (the original Greek has been lost) by Uwe Vagelpohl, in *Corpus Medicorum Graecorum, Supplementum Orientale*, vol. 3: *Galeni in Hippocratis Epidemiarum librum VI commentariorum I-VIII versio Arabica* (Berlin, forthcoming).

……我们就搅乱数字，不让自己知道。（5）[1]

当他们的恋情搁浅时，他抱怨道："对她的爱无人能比。"这一切对她而言更是惨淡。他自己必须非常坚定。

　　……一定要固执地忍受，顽强地坚持。

　　永别了，姑娘！卡图卢斯决心已定，

　　他不会再找你，徒劳地盼你垂青。（8）[2]

在一首警句式的诗歌中，他总结了情人的状况：

　　我恨，我爱。为什么这样？你或许会问。

　　不知道，可我就如此感觉，忍受酷刑。（85）[3]

　　正当卡图卢斯揭示他混乱动荡的情感时，诗人卢克莱修却在嘲笑情欲。作为一位伊壁鸠鲁主义者，[4] 他承认"一千个吻"是生活中自然的部分，但是任何人都不应该让它扰乱自己心灵的平静。因此，可以"渴望交媾"，但是如果后面跟着"维纳斯的那一滴蜜"，就不可以了。因为那之后：

1　Catullus, *The Complete Poetry of Catullus*, trans. David Mulroy (Madison, 2002). 引用以诗号标注。（译文引自《卡图卢斯〈歌集〉拉中对照译注本》，卡图卢斯著，李永毅译注，北京：中国青年出版社，2008年，第405页。——译者注）

2　译文引自《卡图卢斯〈歌集〉拉中对照译注本》，第29页。——译者注

3　同上书，第333页。——译者注

4　伊壁鸠鲁学派（Epicureanism），兴起于公元前4世纪末的希腊化哲学学派。在伦理学方面，主张快乐是最高的善，人应当追求善的最大化，但同时反对过度的享乐，因为它往往带来更大、更持久的痛苦。——译者注

又为冰冷的忧苦所代替。因为，

虽则你所爱者现在实在是在远处，

但是她的肖像却是在你的近傍，

而那甜蜜的名字正在你的耳中荡漾；

可是你最好还是避开那些肖像，

把养育你的爱情的东西赶走，

把你心灵转向别处，把那在你体内

收集了的精子射给不同的肉体，

也不要把全部心思集中于一个情人，

把精子保留给一个快乐，因而给自己

收藏起忧愁和不可避免的痛苦。[1]

　　这首诗歌表达的是未来的声音。在下个世纪初，出现了重视"一切哺育爱情的东西"的情感共同体的最后的呼声。彼时，奥维德和一些志同道合的诗人反抗奥古斯都对未婚者的惩罚和对通奸的定罪等法律规定。奥维德对这种古板的行为嗤之以鼻（并因此被流放），他写作时不仅敏锐地意识到爱情具有将我们变得疯狂的力量，同时也同样生动地欣赏着调情、因欲望而日渐憔悴，并最终克服它，继续前进的过程。"唉，随你吧，丘比特，谁让我是你的猎物呢？我只是一个谦卑地双手撑地，跪在征服者面前的俘虏。"（1.2，26—27）[2]他爱上了

1　Lucretius, *On the Nature of Things*, trans. Martin Ferguson Smith (Indianapolis, 2001), 4.1060-1068, p. 129.（译文引自《物性论》，第248页。——译者注）

2　Ovid, *Love Poems* in *Love Poems, Letters, and Remedies of Ovid*, trans. David R. Slavitt (Cambridge, 2011)，引用以卷号，诗号和行号标注。（译文引自《爱的艺术》奥维德著 宋川子译 呼和浩特：内蒙古大学出版社，2007年，第28页。——译者注）

"科琳娜"（Corinna）。她已经结婚了，而且她将带着丈夫参加诗人也将参加的宴会。他妒火中烧，但是他有一个计划。"请在你的丈夫之前到达那儿"，[1] 他告诉她：

> 当他在餐桌旁落座时，你就以端庄的风度走过去，在他的身旁坐下。在你走过我的身旁时，不要忘记蹭蹭我的脚面。
> 这个动作要做得隐秘，不可使他看出破绽。
> 莫将眼光从我的身上移开。留意我的一切动作，读懂我眼神里的一切含义。（1.4, 21—25）[2]

在他后来的一组诗歌《爱的艺术》（*Art of Love*）中，奥维德告诉男人如何诱惑女人，给予掠夺成性的男性指导，向女性解释如何变得有诱惑力，尽管"我这么说并不是让你们自我轻贱。我只不过提醒你们不要因噎废食，矫枉过正，从而被一些想象中的可怕现象吓得止步不前"。[3] 后一种建议在很大程度上仍然是为了男性的利益。但奥维德对女性的观点并非无动于衷。奥维德想象着神话中的迦太基女王狄多被她的特洛伊情人埃涅阿斯抛弃以建立罗马时的感受，在一首自称是她写的书信中赋予了她完全理智却又充满激情的话语：

> 我想你会设法在那里[在罗马]找到第二个狄多，你可以给予她你无意义的承诺。

1　译文引自《爱的艺术》，第32页。——译者注
2　同上书，第32—33页。——译者注
3　Ovid, *The Art of Love,* trans. James Michie (New York, 2002), 3.97–98, p. 117. （译文引自《爱的艺术》，第214页。——译者注）

……即使这一切都
如你所愿,
你将如何找到一个女人
做你的妻子,像我一样爱你。
我因爱而燃烧,像一支蜡火
浸在硫磺里,燃烧得更亮。(28—35)[1]

奥维德笔下的狄多袒露了她对一个男人心理的深刻理解, 这个男人不仅离开她去了更美好的牧场——他称之为他的职责——而且抛弃了他的第一任妻子, 埃涅阿斯在带着儿子和年迈的父亲逃离特洛伊时"无意之中"留下了她。

这是意外,是吗? 是有意为之吗? 我从没想过
去询问,
也没有注意到什么应该是合理的
警告。(129—130)

然而, 奥维德与卢克莱修的意见并不完全相左, 因为他在自己这本关于爱情的书中还附了一本关于爱情的**治疗方法**的书, 告诉男人(以及女人)一开始尽量不要坠入爱河。但是, 如果他们这样做了, 他们应该忙于事务, 或者长途旅行, 或者记住她说过的所有谎言, 或者说服自己她很丑陋, 或者用另外一个女人来满足他们的欲望。如

1　Ovid, Letter 7, in *Love Poems, Letters, and Remedies of Ovid*. 引用以行号标注。

果狄多读过他的药方，她：

> 也许可以耸耸肩，离开埃涅阿斯，
> 当她看到特洛伊人的帆船消失在海面上时。[1]

　　奥维德贬低热烈的爱情，也认同一直主宰着古代男性态度的普遍的厌女症，与此同时，奥维德的诗歌受众非常广泛。他的诗歌是中世纪师生间情书的典范，其中最著名的是阿伯拉尔和爱洛伊丝之间的情书（见第一章）。

　　如果奥维德是古代世界中痴情的最后呼声，是治愈痴情的尝试，那么恪尽职守的埃涅阿斯就是下一个千年的浪潮。在维吉尔的笔下，狄多"情绪高涨……疯狂言语"（4.300）。[2] 尽管埃涅阿斯确实爱上了狄多，他"却极其渴望离开，渴望离开那片快乐的土地"（4.282）。听着众神的命令，他盘算着怎样才能轻松逃避对她的承诺。还没有准备好航行，他就在船上睡着了，梦见墨丘利[3]告诉他离开——而且快快离开：

> 在这样的危机你还能睡得着吗？
> 你疯了吗？难道你没有看到危险
> 围绕着你，没有听到帮助你的西风在呼啸吗？
> 狄多正在密谋背叛和恐怖，她已经准备好

1　Ovid, *Remedies*, ibid., lines 64-65.
2　Vergil, *The Aeneid*, trans. Shadi Bartsch (NewYork, 2021). 引用以卷号和行号标注。
3　墨丘利（Mercury），是罗马神话中为众神传递信息的使者。——译者注

赴死,她让她的愤怒涌上心头。

趁你还能出去的时候,你不出去吗?（4.560—565）

埃涅阿斯醒了,他让部下展开帆。他将出发去建立罗马,不久之后,他将成为统治者:

那个你经常听到的向你许诺的人,

奥古斯都·恺撒,神的儿子,他会给拉提姆（Latium）

带来一个黄金时代。（6.792—793）

获得赞颂的痴迷

基督教蔑视维吉尔的希望,它的"黄金时代"在另外一个世界。它坚持把爱的目标从人间转移到天堂（见第二章）。对许多人来说,它成功了。但是,从11世纪开始（或者说至少,在当时的书面文学中）,出现了一种新的世俗的爱情概念,其实践者称之为"美好的爱情"（法国南部方言中的*fin'amor*）。这种爱情富有激情、充满情欲,但同时又克制忍耐、不乏乐趣。这份爱情如此可贵,以至于感受到这种爱情的男人（有时也会有女人）被赋予了高贵的特质。美好的情人道德高尚、灵魂高贵,胜过任何因血统和继承权而尊贵的精英人士。他美好的爱情使人心甘情愿地服侍爱人,即使走到生命的尽头,即使遭遇冷淡的拒绝,即使对方的爱使自己痛苦万分。

关于美好爱情的歌曲和故事也是如此。它们巧妙的押韵、韵律、旋律, 它们精彩的文字游戏, 它们无穷无尽的变化, 在今天不仅引起了人们的赞颂, 也可能引发了一个令人痛苦的问题: 这些文学作品表达了"真实"的情感吗? 简短的回答是: 是的。更好的答案是, 诸如美好爱情之类的幻想仿佛倾注了感情的模具。它们可能遭遇"误用"——被不真诚地利用、开玩笑地利用、故意滥用, 又或仅仅是为了娱乐。但是人们使用它也可能是因为它们有效、它们适合、它们表达了一些真实的东西。与此同时, 幻想又**不像**模具, 因为它们创造了它们所塑造的东西: 感觉需要使用语言和故事来表达自己。它们运用周遭社会林林总总的价值观、制度和词汇。在吟游诗人的时代, 忠诚、服务、崇拜、从属、统治等理想和话语随时可供美好的情人表达痴狂。

就这样, 从最早有吟游诗人唱歌的法国南部开始, 美好的爱情逐渐传播到了其他欧洲国家。从此, 它呈现出不同的色彩——意大利的温柔之心、法国的冒险骑士、德国歌颂女士爱情的歌手。尽管它找到了将宗教意象和情感融入自己表达的方法, 它还是对在教会受到限制的爱的概念嗤之以鼻。它甚至渗入了伯纳德等神职人员虔诚的布道之中, 正如我们在第二章中所看到的那样。

这种新型爱情的实践者来自各个阶层。有些人本身是贵族, 热衷于通过"爱"的高贵性来提升他们"血脉"的高贵性。其他人则是来自较低社会阶层的艺人, 他们受到了贵族和贵妇的赞助。他们都发现观众喜欢他们的笑话、典故和巧妙的诗文, 沉浸在他们的情感之中, 并且能够瞬间进入他们的悲伤和快乐之中。

吟游诗人美好爱情的一个典型例子是伯纳特·德·文塔多恩（Bernart de Ventadorn）的《如果我唱歌, 那也不奇怪》（Non es meravelha s'eu chan），这位诗人可能来自一个低级的贵族家庭：

> 如果我比其他吟游诗人唱得更好，
> 那也不奇怪，
> 因为我更容易为爱吸引，
> 更善于服从它的命令。[1]

伯纳特（或者至少他塑造的角色）"比其他吟游诗人唱得更好"。我们仍然保存着这首歌曲的音乐。作为最早的书面音乐之一，这首歌曲在今天经常被重新创作。[2] 爱是赋予这位诗人天才的东西，爱使他写出的诗歌令人眼花缭乱——尽管诗歌中有格律、韵脚和反复曲式的乐章。他自夸自己之所以胜过其他所有的吟游诗人，是因为他更善于服从爱的"命令"。他的意思是：

> 我的心灵，我的身体，我的知识，我的头脑，
> 我的力量，我的才能，我都给予你。
> 缰绳把我使劲地拉向爱，
> 我从来不关注其他事情。

因为爱的力量如此强大，他把自己的全部——心灵和头脑、身体和灵

1　Bernart de Ventadorn, "It is no wonder if I sing" (Non es meravelha s' eu chan), in *Troubadour Poems from the South of France,* trans. William D. Paden and Frances Freeman Paden (Cambridge, 2007), pp. 80–81.
2　例如福尔杰古乐团（Folger Consort）的演绎，见 bit.ly/30DssOp。

魂都交给了它。他称颂自己的献身精神。他是爱的奴隶,这一点与阿尔基比亚德斯有些相似,但是他与阿尔基比亚德斯又完全不同,他认为自己的美德正处于奴役状态。伯纳特继续说:

> 如果一个人无法感受心中爱的甜蜜,
>
> 他一定已经失去生命,
>
> 如果没有勇气,只剩下无聊,
>
> 生活还有什么价值呢?

在伯纳特的时代,英勇通常是战士、骑士、贵族的属性。在这里,一位诗人自称拥有了它。

此外,他是一位善良而忠诚的骑士,不像伯纳特世界里的其他许多人一样背信弃义:"完全真诚地,没有欺骗/我爱她,这是最美的爱、最好的爱。"但是,这里也有一个问题:他的夫人怎样才能知道他是一个真正的情人,而不仅仅是一个诱惑者?他希望会有一些明确的标识;他希望背叛的人和不忠的情人"额头上长着角!"他愿意放弃世界上所有的财富(不是他所拥有的),"这样我的夫人就会确切地知道/我是多么真诚地爱她"。但只要她看一眼他,她就应当立刻发现这一点:

> 我脸上的光芒,我的肤色,我的眼睛,
>
> 就像在风中摇动的一片树叶,
>
> 我害怕得浑身发抖。

是的，他的这种爱使他颤抖。更糟糕的是，这让他落泪了，因为他的夫人没有像他所希望的那样回应："我还能做什么呢，被爱囚禁/在牢房里，而钥匙在她的手里？"不像盖伦笔下那些因自己的情感而尴尬的相思病患者，伯纳特热烈地承认爱的体验，热烈地拥抱爱的体验，包括爱的快乐、爱的悲伤：

> 这份爱如此温柔地打动
> 我的心灵，以它甜蜜的芬芳，
> 一天一百次，我在痛苦中死去，
> 又在快乐中复活一百次。

丘比特的箭射中了：多么幸福啊！患相思病，就是尽己所能，成为最好的模样："我的坏也比另外一个男人的好更好。"

那么，他要求这份爱的回报是什么？爱本身似乎就是足够的回报：

> 好夫人，我什么都不要求你，
> 除了让我做你的仆人，
> 因为我会像侍奉一个好主人一样侍奉你，
> 永远不再要求回报。
> 所以我来了，听从你的命令，
> 一颗坦率、谦卑的心灵，恭敬而快乐！

夫人、主人和仆人：在伯纳特的法国南部和欧洲的大部分地区，人们对此非常熟悉。仆人应当"爱"他们的主人和夫人；主人和夫人应当以"爱"他们的仆人作为回报。在吟游诗人的一个伟大赞助人图卢兹伯爵（count of Toulouse）的宫廷里，爱的术语经常指代仆人。伯爵的官方文件并不枯燥，其中提到了他对在战争中支持他的"忠诚者"的"爱"，他爱宫廷中为他服务的人，他爱他最喜欢的城镇中的公民、他最喜欢的修道院中的修士。在经典的效忠仪式中，这种爱有一种宣誓方式，那就是：臣属跪下，将自己的双手以祈祷的方式紧握在主人的双手之间，承诺成为他的忠臣，然后起身，这时，两人可以亲吻对方。跪姿是后来求婚时采用的姿势（见图3）。此外，如同求婚者一样，伯纳特希望可以与夫人同床共枕：

> 我想现在我将死于
> 我的欲望，
> 如果躺在那儿的美丽人儿
> 不让我靠近她。
> 只有靠近她我才可以爱抚她，亲吻她。

可能诗人只是在说他想娶这位女士。但是，当他声称已经把自己的心灵、头脑、身体和灵魂都给予爱情时，他在戏仿法国南部常用的结婚誓言："我将自己给予你。"但是在伯纳特的诗歌中，"游戏"是关键的词语：在诗歌的结尾，他希望"她会原谅我离开了这么久"。他甚至都没和他梦寐以求的女人在一起。他真正庆祝的不是她，而是他自己美妙而痛苦的经历，他完全臣服于未实现的爱情。

这在许多吟游诗人的歌曲中是真实的，在这些歌曲中，爱情的愿望很少能够实现。若弗雷·吕德尔（Jaufre Rudel）演唱了他的《遥远的爱》（*Amor de lonh*）。其他吟游诗人讲述了他们的女人如何残酷地抛弃他们，将他们拽入绝望的冬天。

这就是男人对坚定不移的爱情的看法。但是不少女性吟游诗人（*trobairitz*）有自己的看法。她们也在爱中获得了美德，因此她们公开地、快乐地爱着——尽管她们常常像男人一样，被迫因为爱情遭背叛而哀叹。即使在那时，她们的爱情本身也是如此可贵，以至于爱情的痛苦成了一件值得骄傲的事情。下面是歌手迪亚伯爵夫人（La Comtessa de Dia）的歌曲，她像伯纳特一样，很可能是 12 世纪下半叶的一位低级贵族：

> 我将歌唱他，因为我是他的爱人，
>
> 可我觉得如此苦涩，我宁愿不去歌唱。
>
> 我爱他胜过全世界，
>
> 但是仁慈和恩典对我毫无益处，
>
> 我的美貌、优点和智慧也对我毫无益处。
>
> 我被欺骗、被背叛，
>
> 没有原因，尽管我很有魅力。[1]

和伯纳特一样，迪亚伯爵夫人也是一位词曲作者兼歌手（我们有这首

---

1. La Comtessa de Dia, "I'll sing of him since I am his love" (A chantar m'er de so qu'eu non volria), in *Troubadour Poems from the South of France*, pp. 107–108.

歌的音乐），[1] 她的感情虽然痛苦，却可以令她歌唱。她爱着，现在仍然爱着。可是一切都无济于事。她的慈悲无济于事，她的恩典无济于事，她的美貌、她的价值、她良好的判断力无济于事。她的情人不忠。即使如此，她继续说："我安慰自己，我没有对你做错什么。"她是更好、更真诚的爱人。她没有说"永别了"（像卡图卢斯那样，虽然这可能并非他的本意），而是从爱的力量中获得慰藉。

吟游诗人和女性吟游诗人，甚至艺人，有时也会上演一场性别之战。这是玛丽亚·德·文塔多恩（Maria de Ventadorn）和居伊·都塞尔（Gui d'Ussel）在歌曲中的辩论，这一辩论与《安妮，拿起你的枪》（Annie Get Your Gun）中安妮·奥克丽和她未来的丈夫弗兰克的辩论有些相似。[2] "居伊·都塞尔，我很忧虑。"玛丽亚开始了辩论：是否一个"恋爱中的女士应该做她的爱人要求她的事情，就像他会回报的那样？"[3]

> 居伊：女士应当善待她的爱人
> 就像他对待她一样，不考虑地位，
> 因为爱人是平等的，没有谁更加伟大。
> 玛丽亚：居伊，爱人应当
> 温柔地要求他想要的；
> 一位女士可以发号施令

1　由伊夫琳·塔布（Evelyn Tubb）、迈克尔·菲尔茨（Michael Fields）和戴维·哈彻（David Hatcher）演绎的版本见 bit.ly/3fDyLtr.
2　欧文·柏林（Irving Berlin）担任词曲创作的百老汇音乐剧，最初演出班子的演绎见 bit.ly/3nwgmk7.
3　Maria de Ventadorn and Gui d' Ussel, "Gui d' Ussel, I am concerned" (Gui d' ussel, be.m pesa de vos), in *Troubadour Poems from the South of France*, pp. 129-130.

......

情人必须对她言听计从。

为了反对居伊的平等主义, 玛丽亚宣称, 发誓效忠的情人应当居于夫人之下, 并听命于她。他们又争论了一番, 但是最后一段是居伊唱的, 他坚持情人之间应该平等这一颠覆性的观念。这首歌半开玩笑却又很严肃地颠覆了父权秩序。

受到批评的痴情

伯纳特和迪亚伯爵夫人编织的幻想与维吉尔给主人公埃涅阿斯制作的幻想完全不同, 埃涅阿斯在他的帆船起航后几乎没有想到狄多。它甚至与奥利金的爱的观念 (见第二章) 有根本的不同, 在奥利金的观念中, 身体的欲望是被蔑视的——它会对灵魂造成玷污、产生危险。它也没有像爱洛伊丝和阿伯拉尔或蒙田和拉博埃西一样志同道合。但是, 所有这些对爱情的幻想在今天依然存在, 它们被增加, 被扭曲, 被断章取义, 并继续发挥着它们的魔力, 无论是好是坏。

不过, "爱令人着迷"这一幻想与其他幻想不同的是, 它对自己提出质疑, 有时甚至嘲弄自己。想象一下, 如果维吉尔对埃涅阿斯的行为提出疑问, 如果奥利金认为逃离世俗的依恋有些奇怪, 或者如果教会开玩笑地质疑夫妻的义务呢? 这些关于爱情的理念是严肃的, 也是自信的。

吟游诗人和女性吟游诗人的诗歌, 就像《纽约客》那幅屠龙漫画一样, 愿意在表达矢志不渝的爱的同时, 通过展现愤怒的情绪、嘲讽假定的前提, 将局面搅乱。所以, 伯纳特所说的"最美丽、最好的"可能是"当我投降时, 一头会杀死我的狮子或熊"——尽管他希望不是。而且也许, 她根本就不美丽!

*

当美好的爱情诗歌传播到欧洲其他地区时, 它以新的方式被提炼、重写和批评, 也被改编成新的体裁——最重要的是罗曼司(关于骑士冒险的长诗)和十四行诗(每首诗十四行)。它后来的变体诙谐地批评了它自己所假设的内容。例如非常受欢迎的《玫瑰传奇》(*Romance of the Rose*)的一部手稿, 它的插图作者很可能是抄写员的妻子珍妮·德·蒙巴斯顿(Jeanne de Montbaston), 她用一些底部的空白来讽刺文本中理想化的情感和整个社会中所谓虔诚的人。左边是一位修女在树上收集阴茎。在右边, 她拥抱着一位修士。这种图像评论的双关语更加有效, 因为这首诗讲的是一个男人试图采摘一朵特别的玫瑰, 这是他情欲的焦点。修女的事情容易一些: 她不在乎得到哪个阴茎, 而且越多越好。韵文故事(Fabliaux)是面向宫廷和城市观众的简短且常常十分色情的小调; 它也同样是一种戏谑, 因为它们嘲笑与情欲作斗争的神职人员、嘲笑容易被妻子戴上绿帽子的丈夫。这种粗俗的描述将在下一章中大量出现, 我们会在下一章讨论贪得无厌的爱情及其对新的情爱体验同样狂热的探索。

在某种程度上, 痴迷的爱情也是贪得无厌的, 尽管这种爱情只专注于一个特定的爱人。在12世纪和13世纪的欧洲，许多对爱情的严肃探索都延续了这种关注。德国的"吟游诗人"——恋诗歌手（*Minnesänger*）呼应了爱情中总有喜怒哀乐、呼应了爱情中总有一方是坚定不移的追随者的原始主题，但有时他们又大胆地挑战它自己假定的前提。一些恋诗歌手唱道，如果美好的爱情使人可贵，那么女士本身就必须是有美德的、高尚的。美德从本质上来说应该带来快乐。如果爱一个女人会带来痛苦，那么为什么要坚持下去呢？在一首歌《许多人向我欢呼》（*Maniger grüezet michalsô*）中，哈特曼·冯·奥厄（Hartmann von Aue）抛弃了宫廷和宫中的女士，宣称他已经厌倦了"站在女士面前宣称自己忠心不渝"。他决心向"穷苦的女人"寻求爱情。在她们中间，他将找到一个"希望我在身边"的人，而"她也将是我心中的喜悦"。[1]

不久之后，哈特曼的同胞瓦尔特·冯·德·福格尔魏德（Walther von der Vogelweide）告诉他的夫人："爱是两颗心的快乐。如果他们平等分享，那就是爱。"这些恋诗歌手怀疑美好爱情的"美好"。当它只带来痛苦时，它怎么可能美好呢？有时，瓦尔特温顺地撤退："哦，不！为什么我这样说话——像我这样又盲又聋的人？当一个人为爱情所蒙蔽时，他如何能够看见呢？"[2] 然而，在其他歌曲中，他又在歌唱更加崭新的理想类型。不是美好的爱情（*hôhe minne*），而是"平等的爱情"（*ebene minne*）——这是相互体贴

---

1 Hartmann von Aue, *The Complete Works of Hartmann von Aue*, trans. Frank Tobin, Kim Vivian, and Richard H. Lawson (University Park, PA, 2001), pp. 46-7.
2 Walther von der Vogelweide, "Can anyone tell me what love is?" (Saget mir ieman, waz ist minne?), trans. Will Hasty, in Marion E. Gibbs and Sidney M. Johnson, eds, *Medieval German Literature* (New York, 1997), p. 271.

的梦想。

*

　　相比之下，西西里岛和托斯卡纳的诗人并没有质疑美好的爱情使人变得高贵的力量，而是将女士提升到了他们之上，以至于他们只能带着敬畏、赞美和惊叹凝视她。在西西里岛，诗人并不巡游，他们在腓特烈二世皇帝（Emperor Frederick II）的宫廷担任公务员、记事员或朝臣——腓特烈二世是中世纪最成熟、最具世俗智慧的统治者之一。尽管腓特烈也是许多恋诗歌手所效力的统治者，但他的西西里岛"诗派"往往对爱情有非常不同的见解。例如，在贾科莫·达·伦蒂尼（Giacomo da Lentini, 活跃于13世纪中叶）的诗歌中，对痛苦和失望的表达排在他感觉的第二位，他觉得语言不足以表达他的感情：

> 我的激情
> 无法被言语所表达，
> 因为我的感受
> 没有一颗心灵能够想象，
> 没有一条舌头可以说出。[1]

对贾科莫而言，语言是软弱的，因为他将他的女人神圣化：她给他的快乐超过了天堂的幸福。

1　Giacomo da Lentini, "My lady, I wish to tell you" (Madonna, dir vo voglio), in *The Poetry of the Sicilian School*, ed. and trans. Frede Jensen (New York, 1986), p. 3.

没有我的夫人,那个金发碧眼的人,

　　我就不想去[天堂],

　　因为不与她一起,和我的夫人分开,

　　我就没有任何快乐。

贾科莫不像伯纳特,他在这里没有想到身体的乐趣。相反,他想和她一起在天堂。

　　从而能够看到她端庄的仪态,

　　还有那美丽的脸庞、甜美的目光,

　　因为我认为这是一种极大的安慰,

　　看到我的夫人站在荣耀之中。[1]

对这位西西里诗人而言,这位女士是天堂般的幻象。

　　贾科莫与但丁之间相隔时间不长(见第二章)。事实上,贾科莫可能是十四行诗的发明者,随后但丁和彼特拉克进一步发展了十四行诗。但是但丁也受到意大利**中部**前辈的影响,特别是博洛尼亚诗人圭多·圭尼泽利(Guido Guinizelli)。圭尼泽利认为高贵的心(*cor gentil*)比任何其他类型的高位或者贵族更为优越。与吟游诗人不同的是,对圭尼泽利来说,不是美好的爱情使人高贵,恰恰相反,"爱总是在高贵的心灵中寻找它的居所"。爱是高贵的心的本质,正如火焰的本质是炽热一样。在他的《爱总是栖息于高贵的心灵》(Al

---

1　Giacomo, "Just like the butterfly, which has such a nature" (Sì como ' l parpaglion ch' ha tal natura), ibid., pp. 36–37.

cor gentil rempaira sempre amore）中，女士只是点燃火焰的火柴。就像上帝激发了诸神认识并服从于它的创造者一样，美丽的女士也点燃了高贵的心灵中"永不停止地服从她的欲望"。上帝会反对圭尼泽利把星星的运动比作爱人的渴望吗？肯定不会！圭尼泽利可以直接回答上帝："她看起来仿佛来自你天国的天使。"[1] 这里的女士几乎不是尘世之人。

佛罗伦萨的彼特拉克是最为著名、最有影响力的方言爱情诗人，像但丁一样，他说他在年轻时爱上了他的夫人劳拉。也像但丁一样，他认为他们的第一次见面、二十一年之后她的去世都具有重大的意义，他的很多诗歌都是为了赞颂她而写的。在他的《歌本》（*Rime sparse*）中，他的主题是痴情之爱的常见内容：它的痛苦、它的渴望、它所要求的仆从、它赞美的女士的完美、它赋予爱她的男人的美德。与众不同的是，在一本书中，彼特拉克使用366首诗歌层层叠叠地引导读者追随自己的内心生活、亲密生活和情感生活的整个过程。这一点——加上他对意大利语的浑厚音质极为敏感的使用——激发了当代作曲家对音乐改编的创作。在他的一生中，只有一两首诗歌被谱写为音乐，但是在16世纪，这些作品大量涌现，最引人注目的是阿德里安·维拉特（Adrian Willaert）的《新音乐》（*Musica nova*，约1540年？），它在一首歌曲中使用了彼特拉克的25首十四行诗，其哀伤的音调反映了彼特拉克诗意的忧郁："无论是明亮的白天还是黑暗的夜晚，我一直在哭泣。来自命运，来自我的夫人，来自爱情，我有太

---

1 Guido Guinizelli, "Love seeks its dwelling always in the noble heart" (Al cor gentil rempaira sempre amore), in Frederick Goldin, ed. and trans., *German and Italian Lyrics of the Middle Ages: An Anthology and a History* (Garden City, NY, 1973), pp. 287–91.

多悲伤。"[1]

然而彼特拉克可能从未认识过一个叫劳拉的人。最重要的是，她是一个充满幻想和沉思的女人，她非常美丽，高高在上，这是诗人永远心痛的原因。他的声音无法升到那么高，因此无法传入她的耳朵。当他看不到她时，他的欲火就会燃烧，与此同时，描述她会使他的爱更加强烈。即便如此，他还是难以遏止。他的诗歌就像圭尼泽利的温柔之心，需要他的夫人来点燃。通过意大利诗人，我们可以看到，尽管美好的爱情仍然是一种痴迷，它的对象已经从肉体转变成了幻影。

*

然而，中世纪的浪漫传奇作家并没有使用天使或者幻影交易。他们讲述的故事往往基于最初由凯尔特人口述的亚瑟王宫廷骑士的故事。这些是出现在童话故事中的模范骑士，其中一位最终出现在麦迪·戴的《纽约客》漫画中。

贵族赞助人付钱给浪漫传奇作家，让他们在长诗中探讨美好爱情的结果及其要求。美好的爱情能为通奸的合理性辩护吗？它与婚姻相容吗？人们常说，在美好爱情的诗歌中，被爱者的地位远远高于爱者，因此，婚姻是**不可想象**的。事实并非如此：这当然是可以设想的，如迪亚伯爵夫人向她所爱的男人宣称："你要知道我想把你当作

---

1   Petrarch, "Aspro core et selvaggio et cruda voglia" (A harsh heart and wild cruel desire), in *Petrarch's Lyric Poems: The Rime sparse and Other Lyrics*, ed. and trans. Robert M. Durling (Cambridge, 1976), p. 434 (Poem 265); a Naxos recording of Willaert's setting is available at bit.ly/3lkXpio.

我的丈夫"[1]，以及伯纳特在他"最美的、最好的"歌曲中使用了婚礼誓言的语言。在许多浪漫传奇中，婚礼是爱情正常且**合乎逻辑**的结果。但当骑士和他的爱人结婚时，一个新的问题出现了：骑士如何平衡他对妻子的痴情与他作为统治者和战士的义务？如果（如斯莱奇所唱的）一个恋爱中的男人"无法考虑任何别的事情"，那他怎么能管理一个王国？怎么能花时间远离家乡，与邪恶的骑士和巨人战斗？怎么能对他的朋友一心一意？怎么能忠实地代表他手下的封臣或他所服务的主人行事？怎么能狂热地敬拜上帝？所有这些事情都是可贵的，也是合法的，都应当配合得天衣无缝。但恋爱中的丈夫却很难顾及这些。而他的妻子也有自己的困境。她怎样才能在保护自己和丈夫荣誉的同时，调和对丈夫的热恋？她怎样才能让丈夫既和她在一起，又可以让他冒险——这是他**存在的理由**？激情的爱往往会超越它的边界。浪漫传奇为读者或听众提供了掌握和控制的模式，供他们尝试并毫无疑问地常常被抛弃。它们是今天仍然具有魅力的中世纪幻想，特别是在迪士尼的电影当中。

在克雷蒂安·德·特鲁亚（Chrétien de Troyes）的《埃雷克和埃妮德》（*Erec and Enide*）中，主人公是圆桌骑士之一，他英俊勇敢、慷慨高贵，受到所有人的称赞。当他遇到并爱上埃妮德时，她美丽而贤惠，尽管她很贫穷——就像格里塞尔达（见第三章）。但是，在沃尔特与格里塞尔达结婚后，他立即开始考验她的爱情。埃雷克则不同：他醉心于对妻子的爱。

1　La Comtessa de Dia, "I have been in heavy grief" (Estat ai en greu cossirier), in *Troubadour Poems from the South of France*, p. 110.

但是埃雷克爱得如此热烈，

他不再热衷于

骑士的英勇行为和比武；

他对这一切都表现得无动于衷，

并且沉醉地、感性地生活着，

使得[埃妮德]成为受宠爱的人和情人，

仍然在为她服务、照顾她，

亲吻、拥抱、消磨时光。

在一切事情上令她舒适。（2432—2440）[1]

他的部下开始小声抱怨起来。他从来没有离开过妻子身边，从来没有做过什么大胆的事情。

骑士们哀悼他受到损害的声誉，

损失，悲伤，浪费，耻辱。（2457—2458）

埃妮德听到了他们的抱怨，并告诉埃雷克他们的情况。于是，仿佛爱情要么是整个世界，要么什么都不是，埃雷克猛烈地拒绝了她。当他去"探险"时，他强迫她在他的前面骑行，强迫她承担间谍的角色，在他之前看到所有危险。但是，他禁止她说话，除非他先开口。当她敢于警告他即将到来的掠夺者时，他弃她于不顾。他已经变得像沃尔特一样在考验她的爱。同时，他也在努力地消除自己的耻辱。与此

---

1 Chrétien de Troyes, *Erec and Enide*, trans. Dorothy Gilbert (Berkeley, CA, 1992), 引用以行号标注。

同时，埃妮德仍然完全地忠诚于她的丈夫，当她认为他已经死了的时候，她试图自杀。埃雷克苏醒后，他意识到她是真心爱他的，并向她保证：

> 从今以后，不要再忧虑了；
> 我对你的爱是前所未有的，
> ……
> 从今以后，我的愿望将是
> 像以前一样生活——
> 我将听从你的吩咐。（4904—4910）

　　但是事实并非如此。相反，他已经学会了将她和骑士的勇气共同融入自己的生活。他爱她，但他也打败了邪恶的敌人，继承了父亲的王位，并做了国王必须做的事：首先是施舍穷人和教士，其次是在亚瑟王宫廷里重续友谊。

　　或者想想伊文，他是亚瑟王宫廷里的另一位骑士。在哈特曼·冯·奥厄的故事版本中，英雄被美丽的劳迪娜迷住了："爱情使他的理智迷惑，他完全忘记了自己。"（1301）[1]哈特曼温柔地嘲笑着这个恋爱中的男人，照料着"据说比剑或长矛造成的伤口更痛苦"的伤口（1519）。伊文与劳迪娜结婚之后，他的好朋友高文把他拉到一边，用埃雷克的命运警告说："他因为埃妮特夫人［即埃妮德］懈怠了很久。如果他后来没有恢复过来，没有做一个骑士应该做的事，他就

---

1 Hartmann von Aue, *Iwein*, trans. Richard H. Lawson, in *The Complete Works of Hartmann von Aue*. 引用以诗节第一行的行号标注。

会丧失荣誉。"（2763）伊文听了这句话，和朋友一起离开了，但是他首先向劳迪娜作出了庄严的承诺：他将在一年之内回来。在这一点上，他和她如此相爱，以至于"他们心照神交"（2971）。但是，他和高文的友谊如此令人愉快，他们的冒险生活如此令人着迷，以至于伊文完全忘记了他的妻子。哈特曼指责高文：一个人可能会太爱一个朋友，就像一个人可能太爱一个女人，爱到心烦意乱的地步。当劳迪娜在一年后面对伊文时，从他身上可以看到人类能堕落到什么地步：他变得疯狂，甚至撕掉了自己的衣服，"赤身裸体地穿过田野，奔向荒野"（3221）。只有在完成了许多英勇的事迹之后，他才找到办法回到劳迪娜的身边。现在，他们的爱情是有节制的、平静的。正如哈特曼所评论的，两人都很年轻，没有任何不光彩的事情：他们已经"成为能够，并且将会支持彼此的伙伴——如果上帝使他们长寿，他们将拥有许多甜蜜的时刻"（8137）。他们的爱已经成为一种有节制的爱。

特里斯坦和伊索尔德的私通是当时（和现在）最受欢迎的中世纪浪漫传奇，版本众多。在12世纪末一位名为贝鲁尔（Béroul）的诗人所创作的古法语版本中，特里斯坦和伊索尔德误喝的爱情药水在三年后就失效了——正是这种药水促使他们陷入痴情。后来，这对恋人向一位隐士寻求帮助，从而使伊索尔德与她的丈夫马克国王达成和解。正如伊索尔德所解释的那样：

> 在我的生命中，我将不再有
> 任何罪恶的欲望。
> 请理解，我不是在说
> 我后悔我与特里斯坦的关系，

或者说我没有正确地、得体地

作为一个朋友爱他。

但是他对我完全没有任何情欲之爱，

我对他也是如此。[1]

诗人知道这并不完全正确，但是他不在乎。他是这对忠实恋人的捍卫者，伊索尔德如此美丽善良，特里斯坦是有史以来最好的战士。是的，爱超越了它的极限。这是多么不幸啊！但与此同时，这又是多么了不起啊！它唤起了人类所能达到的最高的忠诚，唤起了他们最机敏的谎言，唤起了他们最英勇的行为。

在其他版本中，特里斯坦和伊索尔德的爱情那令人钦佩的特质更为明显，这些版本在中世纪虽然并不为人所知，在今天却更加著名。在这些版本中，药水可以持续一生，两人的爱如此真实、强烈、全心全意，除了在永恒的怀抱中死去以外，没有任何解决办法。诗人戈特弗里德·冯·斯特拉斯堡（Gottfried von Strassburg）解释了他为什么费心费力地讲述这个故事：

> 如果这个爱情故事所讲述的两个人没有为了快乐而忍受悲伤，没有为了心中的狂喜而忍受爱情的痛苦，他们的名字和故事就不会给这么多高贵的灵魂带来如此的喜悦！……因为今天无论人们在哪里听到吟诵——关于他们的奉献、他们的忠心耿耿、他们心灵的快乐、他们心灵的悲伤——这是所有高贵心灵的食

---

1 Béroul, *The Romance of Tristran*, ed. and trans. Norris J. Lacy (New York, 1989), lines 2323–2330.

粮……他们的生命、他们的死亡是我们的食粮。[1]

在《约翰福音》6: 35中, 耶稣说:"我就是生命的粮。"但是, 对戈特弗里德而言, 将特里斯坦和伊索尔德结合在一起的那种爱是心灵高贵的人的生命的粮。

克雷蒂安·德·特鲁亚为富有的赞助人香槟伯爵夫人玛丽（Marie de Champagne）所写的《兰斯洛特》（*Lancelot*）中也有一段狂热的、纯属私通的爱情。主人公和亚瑟王的妻子桂妮维亚具有一段如此强烈、纯洁的爱情, 这使得他们实际上免于谴责。因此, 当他们最后圆房时:

> 她的爱情游戏对他来说似乎如此温柔、如此美好,
> 她的亲吻和爱抚皆是如此。
> 事实上, 他们两个人感到的
> 快乐和惊奇,
> 是从来没有人听过或知晓的。[2]

在这里, 通奸几乎不是一个问题。在这个浪漫传奇中, 更关键的是: 英雄愿意为他的爱人去冒生命危险, 甚至牺牲生命。当他在追寻被绑架的桂妮维亚时, 他仿佛基督一样, 穿过了一座像剑一样锋利的桥: 爬着过桥时, 他的手和脚都受了伤, 这些伤口呼应着基督的伤口, 呼

---

1 Gottfried von Strassburg, *Tristan*, trans. A. T. Hatto (Harmondsworth, 2004), p. 44.

2 Chrétien de Troyes, *Lancelot or, The Knight of the Cart*, ed. and trans. William Kibler (New York, 1984), lines 4674–4679.

第四章　痴情一片

应着圣方济各在《兰斯洛特》成书时奇迹般获赐的圣痕。在克雷蒂安的笔下，兰斯洛特的痴情使他成为受到崇敬的对象，这颇具讽刺意味，也有些荒谬。他美好的爱情使他做出了顺从和服务的举动，而每个真正的骑士都会认为这是不光彩的。

因此，即使诗人和浪漫传奇的作者以各种方式赞颂美好爱情的奇迹，他们还是打开了批评的大门。许多作者接受了这样的邀请——有时在论文和教会的声明中深思熟虑地批评，有时在戏仿中轻描淡写地批评。奇怪的是，同一位赞助人可能既支持美好爱情的文学，又支持抨击它的文学。看看牧师安德烈亚斯（Andreas）写的拉丁文论文。[1] 他为香槟伯爵夫人玛丽写作，正是她委托克雷蒂安写作爱情故事，但是，与克雷蒂安不同，安德烈亚斯不是浪漫传奇作家。其作品引发了激烈的争论，很难说它是为了促进美好的爱情。安德烈亚斯通过将主题分为两个部分，即"赞成"和"反对"，将爱情的概念变成了一场竞赛。在第一部分中，他提出的不是诱人的言辞，而是男人对各个阶层女性使用的强硬论辞，以诱惑她们进入非婚姻的爱情关系。对每一种论辞，他也提供了女人应当采用的拒绝答复。在第二节中，安德烈亚斯收回了私通之爱的想法，宣称它不道德、不明智。如果你的性渴望过于强烈，好吧，找一个妻子，但不要幻想其中会有爱情！唯一美好的爱是对上帝的爱。尽管它被伪装成关于爱情的论文，这是一篇反对除了宗教爱情之外所有爱情的老派、冗长的文章，它倒退回了圣维克托的休格等教会人士颂扬神圣婚姻之爱之前的时代（见第三章）。

1　Andreas Capellanus, *The Art of Courtly Love,* trans. John Jay Parry (New York, 1960), 168-170, 172, 184-186.

仪式化的痴情

图5:《爱的城堡》(法国, 约1320—1340年)。在这个可能是盒盖的象牙小圆盘上, 一座由淑女居住的城堡被情人骑士包围。女士们用鲜花和花枝保护自己。

在安德烈亚斯的作品中, 痴情已经成为一种"风格", 一种向女士求爱, 然后她回应他的方式——没有人真正感受到太多的东西。这成了一场游戏。事实上, 在安德烈亚斯的时代, 将爱情视为男女之间的有趣斗争的想法非常普遍, 它在《爱的城堡》中被刻画 (图5), 有时还被表演出来。

另一种游戏在"爱的法庭"中举行, 它由女士主持。安德烈亚斯声称, 玛丽伯爵夫人是所有法官中最为重要的。如果真有这样的法庭, 他们一定没有审判权。然而, 根据安德烈亚斯的说法, 他们宣布专横的决定, 剥夺美好爱情的自发性, 还用规则来阻挡它, 使得每一个动作都变得具有仪式感。在这里, 美好的爱情模仿, 甚至超越了当时围绕婚姻所制定的一丝不苟的教会法律。法庭判决的一个简短例子就能说明这段历史的味道。"如果一个女人不与她的爱人拥抱……除非她有明确的证据表明他对她不忠, 否则她就违背爱情的本质。"如果两位绝对平等的求婚者在差不多的时间内提出他们的爱, "在这种情况下, 应当优先考虑先求婚的男人; 但如果他们的求婚似乎同时进行, 让女人来选择也不失为一种公平"。任何想得到世界赞美的女人都必须沉浸在与爱人的]爱情之中。"

似乎法庭的判决还不够,安德烈亚斯列出了"爱之王"颁布的三十一条规则,其中包括:

> 1. 结婚不是不爱[别人]的真正借口……16. 当一位情人突然看到他心爱的人,他的心怦怦直跳……26. 爱无所不爱。27. 情人永远不会满足于他心爱之人的慰藉……30. 一个真正的爱人会无时无刻不在想着他的爱人。31. 没有什么可以禁止一个女人被两个男人所爱,或者一个男人被两个女人所爱。

在规则的束缚下,在谩骂式的责备中,在"情人节时,每只鸡都来选择自己的伴侣"的感伤中,美好爱情席卷一切的激情在其源头就被驯服了。[1] 当然,它一直都受到控制——美好爱情从本质上来说就是通过纪律、服务和淑女的美德来净化的爱情。但是到了14世纪,即使美好爱情从未完全失去其作为一种真正的情感表达方式的声望,它也不过成为一个求爱者良好风度的标志。

因此,在乔万尼·薄伽丘的《十日谈》(*Decameron*)中,他在佛罗伦萨的瘟疫期间创造了一个井然有序的聚会。十位高贵、聪明、有礼貌和机智的年轻人逃离城市到乡下住了十天。在帕姆皮内娅或其他人的组织之下,他们轮流讲故事——有的粗俗,有的温柔,有的批评神职人员,这些故事都非常有趣。他们一起唱情歌,一起跳舞,然后回到各自的房间。尽管其中一些人陷入了爱河,他们仍

---

1 Geoffrey Chaucer, *The Parliament of Fowls*, in *The Riverside Chaucer*, ed. Larry D. Benson (3rd edn, Boston, 1987), lines 308–309.

然保持着"遥远的距离",这是在仿效彼特拉克对劳拉无望的爱。

薄伽丘幻想中的宫廷仅仅持续了几天。巴尔达萨雷·卡斯蒂廖内(Baldassare Castiglione)在他的《廷臣论》(*The Book of the Courtier*)中意图描述一个真实的宫廷,即乌尔比诺(Urbino)公爵和公爵夫人的宫廷。[1]这个宫廷拥有擅长"格斗、比赛、骑马、使用各种武器,以及狂欢、游戏和音乐表演"的人。他们在那里供公爵娱乐;15和16世纪真正的战争是由带着枪炮的雇佣兵进行的。宫廷的氛围颇具竞争意味,但是,正如卡斯蒂廖内所说的,公爵夫人使激烈的竞争变得温和。"每当我们来到公爵夫人面前时,一种至高无上的幸福感都会油然而生。而且,这似乎是一条将我们所有人联系在一起的爱的链条。"他说,宫廷里的男人就像兄弟一样。与女士在一起时,他们可以自由地打交道,却没有对爱情的渴望。在公爵夫人面前,宫廷中人群的"游戏和笑声"中有很多"诙谐的玩笑",但最重要的是,它们"带着一种高尚、清醒的尊严"。

17世纪到19世纪初,沙龙在意大利、法国、英国和德国兴起。这些沙龙由富有且多才多艺的女性主持,她们精于生动的谈话,使得"交际"成为一种艺术。这些沙龙吸引了著名的作家、哲学家、艺术家、音乐家和外交官。在混合的人群中,或者在英国的女性聚会中活跃地交流思想是礼节的需要,半隐蔽的爱情也是如此。正如达尔马提亚作家米霍·索科切维奇(Miho Sorkočević)对博学的威尼斯女主人和作家伊莎贝拉·泰奥托奇·阿尔布里齐(Isabella Teotochi Albrizzi)的描述,她的"美丽动人被高贵的礼节所中

---

[1] Baldesar Castiglione, *The Book of the Courtier*, trans. Charles S. Singleton (Garden City, NY, 1959), pp. 15-16.

和"。[1] 事实上，泰奥托奇·阿尔布里齐当然已婚，与此同时，她发展了许多情人。像她这样的沙龙，是试探和测试社会、情感和政治规范的边界的地方。它们与俱乐部、剧院和咖啡馆一样，是革命思想和历史学家称为"感伤主义"的强烈情感表达的孵化器。然而，泰奥托奇·阿尔布里齐的爱情故事并没有赞美痴迷的爱。这种幻想结束了吗？

复兴的痴情

完全没有。因为与此同时，当泰奥托奇·阿尔布里齐正在招待、指导和资助国际才子的小圈子时，浪漫主义文化正在孕育之中。尽管浪漫主义时期所颂扬的爱情在某种程度上是对中世纪浪漫主义的复兴，它并不是轻松的自嘲。它的痴情超越了格律和韵脚的限制。相反，它成为一种较新的文学体裁——散文小说。这些作品探索了当时，也就是作者和读者所处时代人们的社会生活和感受。正如夏绿蒂在歌德的《少年维特之烦恼》（*The Sorrows of Young Werther*）中对她的追求者维特所说的："我最喜欢的作家是那些能够帮助我进入我自己的世界的作家，他作品中描写的事情应该就像发生在我周围一样，故事要亲切有趣，好像发生在我家一样。"[2]

1　Quoted in Marianna D'Ezio, "Isabella Teotochi Albrizzi's Venetian Salon: A Transcultural and Transnational Example of Sociability and Cosmopolitanism in Late Eighteenth- and Early Nineteenth-Century Europe," in Ileana Baird, ed., *Social Networks in the Long Eighteenth Century: Clubs, Literary Salons, Textual Coteries* (Newcastle upon Tyne, 2014), p. 182.
2　Johann Wolfgang von Goethe, *The Sorrows of Young Werther*, ed. David Constantine (Oxford, 2012), 19, 12–14, 33, 46, 48, 68, 41, 73, 3, 93, 105. （译文引自《少年维特之烦恼》，歌德著，张翔编译，北京：中国书籍出版社，2005年，第29—30页。——译者注）

当夏绿蒂提到一本小说的名字，即哥尔德斯密斯（Oliver Goldsmith）的《韦克菲尔德的牧师》（*Vicar of Wakefield*）时，维特有一种"完全忘我"的激动感。维特是一位年轻的诗人，他在夏绿蒂（即绿蒂）的身上只看到了善良。他第一次见到她是在一个田园诗般的家庭环境中。她的母亲最近去世了，她承担起了母亲的角色照顾弟弟妹妹。自从那次会面之后，维特在给他朋友的一封信（这封信构成了这本书的大部分内容）中写道："对我来说却再也没有白天和黑夜之分了。"和绿蒂在一起，"我在那儿非常自在，并体验到了一个人所能体验到的一切幸福"。[1] 每当这两个人偶然接触时，他都会受一种"我快要晕倒了"的说不出的感觉折磨："好像我已经神魂颠倒了。"[2] 无论早晚，他都会在床上伸手去找她，他梦见自己在她的手上"印上千百个吻"。[3] 当他第一次和绿蒂见面时穿的衣服穿坏了，他制作了一套一模一样的衣服：青色蓝燕尾服、黄坎肩和黄裤子。当他爬上果园里的梨树，把果实递给绿蒂时，他找到了幸福。她出现在他的祈祷里，栖居在他的想象中，"我看到我周围世界的一切都与她有关"。没有哪位吟游诗人会比他更加着迷、更加乐意为她服务。

　　但是，维特身上却没有吟游诗人的戏谑。他试着离开绿蒂一段时间后，又跟随他的心回到了她的身旁。与此同时，她已经嫁给了阿尔贝特，也就是她母亲让她保证要嫁的那个人。维特想象着取代阿尔贝特的位置将是多么幸福的事情。他说："有时我真不理解，怎么有另

1　Johann Wolfgang von Goethe, *The Sorrows of Young Werther*, ed. David Constantine (Oxford, 2012), 19, 12-14, 33, 46, 48, 68, 41, 73, 3, 93, 105.（译文引自《少年维特之烦恼》，歌德著，张翔编译，北京：中国书籍出版社，2005年，第39页。——译者注）

2　译义引自《少年维特之烦恼》，第58页。——译者注

3　同上书，第82页。——译者注

一个人能够爱她, 敢去爱她, 殊不知只有我爱她爱得最真切, 最忘情, 除了她, 我什么也不知道, 什么也没有呀!"[1]

维特身上有一些拉斯柯尔尼科夫[2]的影子。他的"激情也和疯狂相差无几",[3] 他相当自豪地承认这一点, 因为他认为疯狂是非凡之人的标志。绿蒂结婚之前, 他随身带着荷马; 之后, 他带着奥西恩(Ossian), 这是一种口头凯尔特史诗和书面的凯尔特史诗拼贴的诗体, 在歌德的时代非常盛行。他特别喜欢诗中的一个女孩, 她在她死去的情人的墓前"悲痛欲绝"。[4] 维特陷入了凄凉的抑郁之中, 最终借来阿尔贝特的手枪自杀。

这本书的影响力令人震惊。它被翻译、改编, 也受到了嘲笑。男人们穿上了维特套装的复制品, 女人则用上了"维特香水"。弗兰肯斯坦的怪物十分敬仰维特, 认为他"比我所见过的, 或者想象中的任何人都更加完美", 并将主人公的不幸处境投射到自己身上。[5] 许多人模仿维特自杀, 以至于社会学家大卫·菲利普斯创造了"维特效应"一词来描述模仿者的自杀。尽管歌德后来声称他并不希望维特成为一个英雄, 但他的书一开始就由虚构的"编辑"给读者写了一个前言: 他已经收集了维特的所有信件, "知道你会感谢我, 他的思想和性格将使你由衷钦佩、热爱, 他的命运将使你潸然落泪"。歌德知道, 他的小说可以在现实世界产生影响。

1　译文引自《少年维特之烦恼》, 第127页。——译者注
2　拉斯柯尔尼科夫(Raskolnikov), 陀思妥耶夫斯基小说《罪与罚》的男主人公。——译者注
3　译文引自《少年维特之烦恼》, 第71页。——译者注
4　同上书, 第195页。——译者注
5　Mary Wollstonecraft Shelley, *Frankenstein* (1831), p107; pdf at globalgreyebooks.com. (译文引自《弗兰肯斯坦》, 玛丽·雪莱著, 耿智、刘宜译, 武汉: 长江文艺出版社, 2008年, 第121页。——译者注)

这种浪漫小说的创新之处并不在于爱情是痛苦的,荷马很清楚这一点,也不是说爱情会变成一种痴迷,奥维德对此已有良方,更不是说人们可能死于单相思,这就是为什么像盖伦这样的医生被要求治疗相思病。不,尽管建立在长期的传统之上,歌德浪漫小说的新颖之处在于:陷入爱恋的人将不惜一切代价,也**应当**不惜一切代价——如果他真的陷入爱恋。维特在给绿蒂的遗书中写道:"这不是绝望,这是信念,我已决定要为你牺牲。"[1] 那么女人呢?她应该有类似的感觉吗?最后,当"编辑"讲述维特与绿蒂的最后一次相遇时,答案是明确的。是的! 他们将在"[上帝]永恒的视野中、在永恒的怀抱中"相遇并永远相爱。因此,如果歌德说得没错,女人也会不惜一切代价,至少在感情上是这样的,尽管对她来说,为了她持续的幸福,她无法摆脱像婚姻这样的社会安排的束缚。在19世纪的歌剧中,女人和男人一样因爱情而疯狂——于是有相应的悲剧性的结果。

《维特》和其他浪漫主义小说、戏剧、歌剧和诗歌提供的教训,正是福楼拜笔下的艾玛·包法利(见第三章)在危险中学到的一课。艾玛认为最具有影响力的故事是雅克–亨利·贝尔纳丹·德·圣皮埃尔(Jacques-Henri Bernardin de Saint-Pierre)的《保尔和弗吉尼亚》(*Paul and Virginia*,1788年)。小说的背景设定在远离欧洲腐朽文明的小岛(这是对卢梭思想的模仿),小说中的两位主人公一起长大、相爱,并且渴望结婚。但是,文明社会物欲横流的价值观破坏了他们纯洁无邪的爱情。残忍、富有的姨妈将弗吉尼亚叫到

1　译文引自《少年维特之烦恼》,第181页。——译者注

法国，这位姨妈破坏了爱情的自然结局。她终于摆脱了姨妈的可怕要求，可是在回家的路上，弗吉尼亚的船遭遇了风暴。她因为羞怯的"天性"，拒绝脱掉衣服，最终溺水而亡。保尔很快日渐衰弱，离开了人世。艾玛的思绪仍然停留在他们更快乐的日子，那时保尔爬上附近的树，给弗吉尼亚摘取美味的水果——就像维特为绿蒂摘梨一样，在他们的温暖仙境中，他永远给予她甜蜜的爱情。这些男人无微不至地满足着女人的一切需求。当这样的事例成为浪漫的典范时，艾玛会自杀也就不足为奇了。早在我有这个想法之前，福楼拜就知道，幻想可以塑造希望、思想和期待，有时是有益的，但有时也会给我们带来危险。

现实生活中的幻想

对于19世纪70年代生活在意大利南部的一些不快乐的意大利妇女来说，这当然是事实。想想乔瓦尼·法达上尉（Giovanni Fadda）与感情不和的妻子拉法埃拉（Raffaella）。当马戏团来到镇上时，她与马戏团的明星杂技演员彼得罗·卡尔迪纳利（Pietro Cardinali）陷入了爱河。我们知道这两个人和其他的人的故事，因为彼得罗谋杀了法达，对他的审判成为一个轰动的讼案。[1]

那时，每个人都期望为爱结婚，但是，对于那些家庭严密地保护着她们的贞洁、限制她们与男人见面的年轻女性来说，这又意味着什么呢？拉法埃拉这样回忆她的恋爱经历：法达"被介绍到家里，我们

---

1 有关此事的资料都引自 Mark Seymour, *Emotional Arenas: Life, Love, and Death in 1870s Italy* (Oxford, 2020), pp. 21, 91–112. 我给所有书信加上了标点，以便理解。

彼此都喜欢对方"，接着，他向她求婚。就这样，她加入了19世纪意大利不快乐的家庭主妇军团。

不管她和法达的家庭不幸福的具体细节是什么，拉法埃拉并没有在外寻求浪漫。彼得罗·卡尔迪纳利是马戏团的明星，这个马戏团的表演精彩纷呈，表演者的身体时有暴露。马戏团所到之处，许多富裕的家庭对他赞不绝口。几个女人爱上了他，并认为他也爱她们。或者至少，她们在信中（主要是匿名的）似乎倾诉了她们的感情。这些信对卡尔迪纳利来说肯定是有意义的（可能是感情上的，也可能是敲诈的理由），因为他把这些信装在一个上锁的箱子里。它们为妇女提供了一种"尝试"和探索禁忌情感的方式。

有一封信显然是为了回应他结束他们的婚外情，一个女人写道："亲爱的彼得罗，我知道很多女人都爱过你，但她们中不可能有人比我更爱你。"另一封来自不同女人的信中说："我最亲爱的爱人，十三天后我终于收到了你的信……你知道我有多爱你，你自然知道，得不到你的消息[即不寄信]对我来说，就和死亡一样。"一个女人给他寄了三十八封信。她希望有一份永恒的爱，她想象"上帝会用一个神圣的结使我们幸福，这样直到死亡都不会再分开。我将永远忠诚。告诉我，我的爱人，你爱我，你将永远不变"。然后是瞬间的怀疑："我应该对你的承诺有信心吗？看在上帝的份上，告诉我真相吧。"不久，他向她要钱，她犹豫着要不要给他。当他停止给她写信时，她的责备直接来自从吟游诗人到她的时代所阐述的痴情的剧本："我对你有什么错，让你这样对待我？当你真正爱的时候是不会这样的。你一直向我承诺的是永远爱我。"

*

今天，西方世界很少有女性被父母宠爱到无法结识很多男性，她们会经历一些情事，分手，备受折磨，接着继续前进。不幸福的婚姻可以结束，人们可以找到新的伴侣或者伙伴。在这种新的氛围中，夏绿蒂和阿尔伯特的婚姻几乎不会成为离开他并与维特结婚的障碍；保尔也不会因为哀悼拒绝脱掉衣服的弗吉尼亚而日渐消瘦。那种"如果我真的爱他/她，我就会为他/她着迷"或者"如果他/她真的爱我，他/她就会为我着迷"的幻想似乎已经成为过去的遗迹。

然而，恋爱关系的破裂是自杀企图的一个众所周知的爆发点。虽然没有用歌德式的激情语言来表达，但是最近的一项研究表明，伴侣在恋爱关系中越投入，越有可能在关系破裂时陷入抑郁并试图自杀。[1]一些专门研究脑化学的科学家把强烈的浪漫爱情比作物质滥用：两者都会上瘾，两者都涉及大脑的奖励通路。"最有特点的是，恋人痴迷地想着心上人。"[2]这些科学家专注于思考恋爱成瘾的解药，结果，他们与大约两千年前盖伦提供的良方相似：即转移注意力，如保持忙碌、锻炼身体、寻找爱好等。但是，如果有些人不寻求治疗，如躺在沙发上的贝丝·戈尼克、痴迷于信件的维特、在痛苦中欢欣鼓舞的伯纳

1　Heather A. Love, David P. Nalbone, Lorna L. Hecker, Kathryn A. Sweeney, and Prerana Dharnidharka, "Suicidal Risk Following the Termination of Romantic Relationships," *Crisis* 39/3 (2018): 166–174.

2　Helen E. Fisher, Xiaomeng Xu, Arthur Aron, and Lucy L. Brown, "Intense, Passionate, Romantic Love: A Natural Addiction? How the Fields That Investigate Romance and Substance Abuse Can Inform Each Other," *Frontiers in Psychology* (May 10, 2016), doi: 10.3389/fpsyg.2016.00687.

特·德·文塔多恩、落泪二十年的佩内洛普，他们的疯狂可能有一个解药：大脑的奖励系统。

《纽约客》曾经刊登了凯特·福克（Kate Folk）的短篇小说《在那里》（"Out There"）。[1] 在这篇小说中，叙述者正在寻找一位浪漫的伴侣。她尝试了一些在线约会应用程序，但她担心找到的不仅是一个变态，而且是一个"讨厌鬼"——一个机器人，一种能触摸的假象：他看起来像一个英俊的男人，很有魅力、有同理心、性能力强，一旦他得到一个女人的个人信息，就会一溜烟地消失。"讨厌鬼"受雇于俄罗斯的一家公司，"以脆弱的女性为目标"。我们的叙述者很高兴，因为她在Tinder上匹配的男人山姆有一些明显的缺陷。他并不英俊，没有什么同理心，不是很有魅力，而且性能力也不是特别强。太好了！但是，她与山姆相处的几个月都非常无聊，几个月之后，叙述者中止了这段关系。他也许不是一个"讨厌鬼"，但他不是她生命中的爱人。

过了一会儿，在金门公园散步时，她看到"五个一模一样的男人"坐在一张野餐桌旁边。其中一个男人看到了她，并且开始了一段迷人的、奉承的高谈阔论。她充满感激地和他一起坐在桌旁。一个像保尔或维特一样的完美的"讨厌鬼"满足了她的一切需要——这一点胜过了一个真正的男人。尽管他一旦拥有她所有的信息，很快就会一溜烟地消失。对于我们的叙述者来说，痴情的假象比真实的人能够给予的爱更加美好。也许对佩内洛普来说同样如此。

---

1 Kate Folk, "Out There," *New Yorker* (March 23, 2020), at bit.ly/34L7VZF.

第五章
贪得无厌

柏拉图《会饮》最初的目的是赞美爱神。但是，有两个演讲对这个目标的前提提出了挑战。包萨尼亚（Pausanias）在当晚早些时候的发言中宣称有**两位爱神**，其中一位更为优越。接着，在晚会结束时，苏格拉底提出了颠覆性的观点，即厄洛斯本就不是一位神。二位拥有不同的起源。

包萨尼亚说，毫无疑问，厄洛斯是阿佛洛狄忒的伴侣，但是有两位神的名字都是阿佛洛狄忒，其一是一位男神单独生的，其二是神和一位水仙的女儿。因此，作为第二位"凡间的"阿佛洛狄忒的伴侣的厄洛斯，不如伴随着神所生的"天上的"阿佛洛狄忒的厄洛斯。普通的爱"只要有机会就会产生"。他不加选择：男人、女人、男孩——都一样好。此外，他是贪得无厌的。那些被厄洛斯激发的人只关心"完成性行为"（181b）。[1] 他们不在乎如何去爱，也不关心为什么去爱；他们只是依恋任何向他们靠近的人。包萨尼亚对这种形式的爱感到

1　Plato, *Symposium*, trans. Alexander Nehamas and Paul Woodruff (Indianapolis, 1989). 引用以节号标注。

一种道德上的愤怒，在他的演讲过程中，他主张用法律来反对这种过度行为。

狄奥提玛没有参加聚会，所以她不能直接质疑包萨尼亚。但是如果她在那里，她肯定会这样做，因为狄奥提玛坚持认为只有一个厄洛斯。厄洛斯是阿佛洛狄忒女神的伴侣。他既不是凡间的，也不是天上的，而是两位精灵的结合体和后代：匮乏之神是他的母亲，丰饶之神是他的父亲。厄洛斯的父母很偶然地孕育了厄洛斯。丰饶之神是庆祝会的客人，他喝醉了，迷了路，睡着了。在门口乞讨的匮乏之神看到她有机会得到一些东西，就和他躺在一起，并且孕育了爱神。狄奥提玛解释说，像他的母亲一样，爱神是肮脏的，总是在寻找机会谋求些什么，总是想要、需要、渴望。同时，像他的父亲一样，"他勇敢、急躁、紧张，是一个令人敬畏的猎人，总是在编织陷阱，在追求智慧时足智多谋，他一生都是智慧的爱好者，是一个拥有魔法和药水、擅长恳求的天才"（203d）。厄洛斯并不像众神那样智慧、美丽和善良，但是他足够聪明，他想要所有这些优点，并且尽其所能地去获得它们。然而，他总是失望，因为他永远无法完全实现愿望。接着，他死了，但很快又活了过来。他不是神，但也不是凡人，他是介于两者之间。

这就是狄奥提玛对爱的偏见，因此，难怪她很快就把爱一个人的短暂快乐抛诸脑后。相反，她利用爱的推动力和贪得无厌的占有欲，以及它为达目的无所不用其极的伎俩，把爱人带上了从身体到灵魂、从法律到思想的阶梯，最后，终于抵达永恒之美，抵达对真理和美德的沉醉。

但是，**假设狄奥提玛将厄洛斯留在第一级阶梯**，厄洛斯会与包萨尼亚的"凡俗的爱"非常相似，只是更聪明、更狡猾，并且更有诱惑力，因为厄洛斯会是一个随时会勾引眼前所有人的花花公子。

作为贪得无厌的爱是本书中最不感性的幻想,有些读者会想问:这真的是爱吗? 它不就是情欲吗?

但是,"情欲"本身就是一种非爱(*not*-love)的幻想,它主要是由教会人士创造出来以谴责一般的性欲的——除非将其转为上帝最初所意图的用途。为了表明情欲之罪,教会缩窄了拉丁文 "*luxuria*"一词的含义,该词最初涵盖了各种过度的行为,而不仅仅,甚至并不主要是情欲方面的。当教皇格列高利一世在罪恶之树上命名七宗罪时,他把 "*luxuria*" 置于最顶端,紧挨着贪食。他说,这是两种"世俗的恶习";贪食与腹部相连,情欲与生殖器相连。[1] 尽管正如我们在第二章中所看到的,奥利金确信《圣经》中的《雅歌》是在谈论属灵的爱的阶梯,他担心另外一位仍然陷于"身体本性"的读者会认为,"神圣的经文……是在催促和怂恿他满足身体的欲望"。[2] 他警告这样的人不要去读《雅歌》。在12世纪,当神学家将婚姻之爱变为圣礼、使婚姻之爱变得美妙时,他们将其他所有形式的世俗之爱都视为通奸。

诚然,古代世界也有不受约束的爱欲(unbridled Eros)的概念,正如我在下面简要讨论的那样。与古代的观点相吻合的,是包萨尼亚对"凡俗之爱"的反对。但他并没有说这根本不是爱,只是说这是一种低级的形式。狄奥提玛贬低了所有栖居于身体上的爱的形式。另一方面,根据她的论点——爱是"匮乏"和"丰饶"的结合,她可能会承认,贪得无厌的爱确实是爱欲的一种表现,但它是从一个第一级

---

1 Gregory the Great, *Moralia in Job* 3.45.89, ed. Marcus Adriaen (*Corpus Christianorum Series Latina* 143B) (Turnhout, 1985), p. 1611.
2 Origen, *The Song of Songs: Commentary and Homilies*, trans. R. P. Lawson (Westminster, MD, 1957), pp. 22–23.

台阶飞跃到另一个第一级台阶的爱。《会饮》中男人们的对话只是背景噪声，但是，如果将它置于前景，它可能听起来更像是对爱欲反复出现的赞美。

此外，贪得无厌的渴望作为爱的形式得到认可，还有一种论证可予以支持：它的语言与所有其他形式的爱完全一样——虽然它的语言更加坦率、更加放荡、更加无礼。它宣称自己是爱。当然，有人可能会反对，认为它在撒谎，而且这样的谎言是它甜言蜜语的操控的一部分。但我要回答的是，狄奥提玛在这里是对的：所有的爱情幻想都包含某种程度的装腔作势、掩饰和修饰——无论是对自己还是对爱人。想想奥德修斯在回家之前没有告诉佩内洛普他的风流韵事，再想想佩内洛普没有告诉奥德修斯她走到大厅，令所有求婚者恐惧不安。

古代世界中的情爱

可以说，包萨尼亚把两种爱情分开是正确的，但是，在他所处时代的希腊世界里，它们肯定是混杂在一起的。正经家庭展示的花瓶上装饰着黑色和红色的男女情爱形象，或者展示在森林里追求女祭司的半人半兽萨堤尔。古希腊人认为这些图像违反道德、非常滑稽。

在罗马，奥古斯都试图为忠贞的、以生育为目的的性行为立法，但是，当时的陶土作坊更了解人们，他们生产的杯子上装饰着男男女女。上层阶级的消费者购买的奢侈物品绘有相同姿势、更为精致的图案。居住在庞贝的罗马人使用田园中的男男女女的图案来装饰房间，他们甚至使用这样的图案来装饰公共接待室。

在古代世界，人们认为生殖器可以抵御危险和邪恶。许多体面的商店、浴室和坟墓都巧妙地使用了生殖器的图像来保护自己。这并不是现代意义上的色情作品。同样，驻扎在罗讷河（River Rhône）沿岸的罗马士兵所用酒壶上装饰的色情场景也不是。这里没有任何秘密的东西，性与生殖器就在那里，供所有人观看、欣赏。

在基督教的影响下，这一点发生了很大的变化。但我们已经看到，贪得无厌的爱情对于在中世纪学校中阅读奥维德的男女学生而言并不陌生。《玫瑰传奇》手稿的插图和寓言中的诗句表明，在中世纪，不受约束的性行为是经常出现且被充分讨论的话题。它甚至可以成为小调的素材，比如吟游诗人特里博莱（Tribolet）的诗句中常常有这样的内容。[1]

> 花花公子当然不会
> 爱上任何女孩，
> 却永远渴望寻欢作乐。

诗人不认为花花公子因爱生情，花花公子的话倒是相反：

> 他说：如果真有谁不是和恋人时时刻刻浓情蜜意，
> 那他的生活也太糟糕了！

大约在特里博莱写作的同一时期，阿拉贡国王詹姆斯一世（King

1　Tribolet (?), "Us fotaires qe no fo amoros" (A fucker who was not in love), in *Troubadour Poems from the South of France*, trans. William D. Paden and Frances Freeman Paden (Cambridge, 2007), p. 238.

James I of Argaon）拥有三位妻子和至少三位情妇。并且，他爱她们所有人——如果他的礼物记录可以说明这一点的话，因为他称一位妻子为"亲爱的"和"最亲爱的"，而称所有的女士为"心爱的"。[1]

然而，为了爱的话语挖掘官方的皇家行为，如同使用木棍挖石质土壤。许多中世纪的男人离开妻子，去寻找更为葱郁的牧场，一些地方的习惯法明确允许他们这样做。但是，很难知道爱情与此有什么联系。也根本没有什么证据可以证明这是贪得无厌的包萨尼亚式的爱情。为此，我们必须转向近代早期。

漫游的手

在1600年左右的写作中，约翰·但恩将他的情妇比作新大陆，将他的双手比作急切探寻殖民乐趣的探索者。

> 请恩准我漫游的手，让它们去走：
> 上上、下下、中间、前前、后后。
> 我的亚美利加哟，新发现的大陆。[2]

但恩本身是由雷利爵士（Sir Walter Raleigh）领导的圭亚那远征队的成员。他无疑同意，新大陆是"一个保留着处女地的国家：它从未

1　See William D. Paden, *Love and Marriage in the Time of the Troubadours*, forthcoming

2　John Donne, "To His Mistress Going to Bed" [1654], Poetry Foundation, bit.ly/3396BAm.（译文引自《约翰·但恩诗集》，第59—60页。　译者注）

图6:《美洲迎接韦斯普奇》,16世纪,让·范·德·施特蕾特（Jan van der Straet）为一幅雕版画绘制了这幅草图（这就是为什么字母是反的）。这是一个系列的一部分,旨在展示新发明和新发现。韦斯普奇刚刚在美洲登陆（他的船在他身后靠岸）,迎接他的是一位躺在吊床上的性感裸女,她是第一位美洲小姐。

被洗劫、被搅扰、被锻造、被挖掘"。[1] 她已经成熟了, 可以摘取了。在一幅展现亚美利哥·韦斯普奇[2]登陆美洲的16世纪的画作中, 这块大陆被拟人化成一位妖娆的女性, 她几乎一丝不挂, 从睡眠中惊醒过来（图6）。她向探险家发出欢迎的信号, 探险家毫不迟疑地盯着她惊愕的神情, 他的双脚牢牢地踩在地上, 他的身体由盔甲保护着。他的一只手拿着象征欧洲科学进步的星盘, 另外一只手拿着一面装饰有

1　Walter Ralegh [Raleigh], *The Discovery of the Large, Rich and Beautiful Empire of Guiana* [1596] (London, 1848), p. 115.
2　亚美利哥·韦斯普奇（Amerigo Vespucci）, 意大利商人、航海家, 他证明南美洲并非当时所认知的亚洲, 而是未曾为欧洲所知的一块新大陆。——译者注

十字架的旗帜。这幅画面显示了欧洲在各方面的优越性：男性、刀枪不入、基督教。韦斯普奇是一名征服者，他准备"夺取"这个女人，驾驭那些现在在无序的荒野中自由游荡的动物，并熄灭这里烤着人肉的火（这些火由她身后的土著人照看着）。

欧洲人对"处女地"的成功征服，开始解释为什么文艺复兴时期的艺术家、人文主义者和诗人会以一种全新的方式看待古代的色情描绘。文艺复兴并没有"发现"古典时代的遗迹——它们一直都在书籍、壁画和雕像之中，早在中世纪就已经备受欣赏。但是，新的关注点引起了人们对过去的重新定位。彼得罗·阿雷蒂诺（Pietro Aretino）受到庞贝壁画中各种情爱主题的雕刻作品的启发，写下了相应的十四行诗。如果说彼特拉克将十四行诗作为表达持久爱情的一种方式，阿雷蒂诺则使它们违反道德、逾越边界：

> 请让我直视，
> 你美丽的身体，
> 这种享受堪比天堂，
> 使我的心融化。
>
> 当我看着你时，
> 我突然渴望亲吻你，
> 在镜子里，我觉得自己比纳西索斯更加英俊。[1]

---

1 Pietro Aretino, "I modi," sonnet 11, quoted and trans. Paula Findlen, in "Humanism, Politics and Pornography in Renaissance Italy," in Lynn Hunt, ed., *The Invention of Pornography: Obscenity and the Origins of Modernity, 1500-1800* (New York, 1996), pp. 69-70.

这是威尼斯狂欢节颠倒错乱的世界，这个世界从街头转移到了诗歌，因此更是令人反感。阿雷蒂诺对教会和体面不屑一顾，为"自然性"辩护。在给一位朋友的信中，他宣称："我反对遮遮掩掩的态度，反对肮脏的习俗，它们不允许眼睛看到令它们最为愉悦的事物。"他想赞美生殖器，"这是自然界赋予我们用来保护种族的东西"。[1] 在写这封信件的前后，他还在委托别人制作一枚铜章，铜章正面是他的肖像，背面是他的个人象征：一个完全由生殖器构成的半人半兽的头。

在阿雷蒂诺的《对话》（*Dialogues*）——另一部大胆的作品中，一位名叫南纳的歌妓讨论了她应该为女儿皮帕安排的未来。皮帕应该成为一名修女、妻子还是妓女？南纳的朋友安东尼娅认为这个决定应该不难，因为南纳已经轮流从事过所有这些职业。事实证明，它们几乎没有区别：这些职业都是"漫游的手"的帝国。因此，在修女院里，南纳很快失去了她的贞洁，拥有了很多情人。简而言之，她就像女祭司一样，在阿雷蒂诺想象中的森林和山脉间玩耍。当一个嫉妒的情人差点把她活剥之后，她让母亲把她从隐居的"宁静"中救了出来，并很快与一个丈夫安顿下来。但变化不大，因为丈夫们很难让人满意，所以每个妻子都必须找情人。谈起与牧师、禁欲主义者和修士求爱者消遣的"虔诚的"妻子时，南纳和安东尼娅乐不可支。至于妓女，嗨，她们享受了同样的快乐，还能赚钱。就这么决定了：皮帕必须成为一名妓女。

1　Pietro Aretino, Lettera 1.315 [1537], in *Epistolario aretiniano*, bks 1–2, ed. F. Erspamer (Milan, 1995), at bit.ly/2GE8kVD; quoted and trans. in Raymond B. Waddington, *Aretino's Satyr: Sexuality, Satire, and Self-Projection in Sixteenth-Century Literature and Art* (Toronto, 2004), pp. 26, 115.

阿雷蒂诺在嘲笑当时的社会：很多意大利家庭把女儿送进了不受管束的修道院，或者因为他们没有钱准备嫁妆，或者因为这算是虔诚的事情。同样，许多父亲和母亲把女儿嫁给了像南纳假想的丈夫那样的男人：有钱、年老，活着只是"因为他在吃饭"。有些女人确实从事妓女或情妇的工作，有时她们会与她们的一个情人结婚。除了艺术、音乐，以及（在大众想象中的）巫术等个别行业，当时意大利的女人几乎没有其他职业。虽然有讽刺小说所允许的几分夸张，南纳和安东尼娅谈论的是现实。

但他们是在谈论爱情吗？是的，的确如此，阿雷蒂诺称：南纳在揭示爱情的真谛。《对话》中的情爱伴随着爱情诗人创造的所有爱情短语：甜言蜜语（一个神魂颠倒、准备穷追猛打的情人这样宣告："我灵魂的灵魂，心的心，生命的生命"）、妒火中烧、诗歌引文，以及"爱"（*amore*）和"爱人"（*amanti*）这样的词汇。同时，还有后代，因为正如一位伪天主教会修士教导修女的那样，大自然"乐于看到她的创造物增加、繁殖"。[1] 关于妓女的爱，南纳解释道："她的爱就像白蚁的爱一样。"这就是世界的运作方式。

阿雷蒂诺提倡、享受、嘲笑、充分讨论贪得无厌的爱情，即情妇所满足的爱情。他宣称，她的生活是"神圣的"，因为这种生活最不虚伪。阿雷蒂诺嘲讽了对贪得无厌的警告。对阿雷蒂诺来说，最好的生活是把钱和快乐放在一起。他知道如何致富；他的书被列入《禁书目录》，即便如此，他的书籍仍然拥有很多孜孜以求的国际读者。正如他所处时代的极少数人一样，阿雷蒂诺懂得如何利用印刷机这一

1　Pietro Aretino, *Dialogues*, trans. Rosenthal (Toronto, 2005), pp. 55, 64, 52, 27, 42, 107, 161.

　　　　　　　　　　　　　　第五章　贪得无厌

令人兴奋的"新产品"。他从自己的畅销书获利，从而摆脱了赞助人的束缚。他最受欢迎的书是他的书信集，这是他在有生之年大胆出版的书籍。这些信件见证了他广泛的社交网络，使他成为世界上第一批"影响者"之一。他的挚友提香[1]曾多次为他画像，并曾将他作为本丢·彼拉多[2]形象的模特。在生命的最后阶段，他已声名显赫：当时为纪念他而制作的纪念章的背面，并没有将他描绘成萨堤尔，而是描绘成了一个演出者（impresario），他坐在宝座上，四个身着古代服饰的王子低头向他进贡。

阿雷蒂诺认同古代社会对女性的偏见，与此同时，他也赋予了女性某种权利。她们可以扮演纯洁、顺从、心甘情愿的少女这一男人幻想的角色。南纳告诉皮帕如何在她的情人面前假装有女人味，即使他衰老、丑陋、令人作呕：她必须先叹气、脸红，因为这些"是爱的迹象"。她必须表现得像《好妻子指南》中的妻子一样（见第三章），不过，她必须假装高兴，这样才能获得很多钱。与此同时，这也是一份艰苦的工作：维持幻想的负担在她身上。阿雷蒂诺嘲笑那些上当受骗的男人，但他主要为他们写作，为满足他们的需求制造爱情的幻影。

一个世纪后，由阿雷蒂诺开启的传统蓬勃发展。专门阐述如何吸引异性的书籍大量涌现。比如，在法国有《女士学院》（*L'Académie des dames*）和《女子学校，或女士的哲学》（*L'Ecole des filles, ou la philosophie des dames*）。后者被翻译成英文，其书名译为《维纳斯学校》（*The School of Venus*）。《维纳斯学校》这样的小册子

1　提香（Titian），全名蒂齐亚诺·韦切利奥，意大利文艺复兴后期威尼斯画派的代表画家。——译者注
2　本丢·彼拉多（Pontius Pilate），罗马帝国犹太行省的第五任罗马长官，他曾判处耶稣钉十字架。——译者注

是小说的前身。

这样的作品是颠覆性的，它们也确实被当作颠覆性的作品来看待。《维纳斯学校》公认的作者们被送上法庭并受到了惩罚。他们的书提出了一种激进的论点，如弗朗西丝所说："我不认为放纵是一种罪过；我确信，如果女人像男人一样管理世界和教会，你很快就会发现她们会认为同房是合法的。"她继续说，男人将它称为罪恶的唯一原因是"害怕给予女人太多的自由"。这种想法嘲笑了虔诚的传统。与此同时，它们非常符合17世纪的新科学，当时牛顿、伽利略和其他人将不同的物体变成了抽象的"质量"，每个物体都对另一个物体施加着力，一个物体除非受到另外一个物体的作用，否则不会受到限制。因此，男人和女人在相互吸引方面也是平等的。爱情的需求就像地球绕着太阳转一样自然。

或者说，像光滑的球在完全平滑的表面永远滚动一样自然。因为，即使他们出于身体的吸引走到一起，《学校》中的恋人也与普通的生活和语境脱节。《学校》的事情发生在模糊的上流社会；故事的主人公与亲属关系、与教堂和社区都没有联系。他们特立独行，按照同一时期的唯物主义哲学家托马斯·霍布斯所定义的"想象"和"激情"行事。弗朗西丝对怀孕的态度表明了这种极端的原子化：把你的肚子隐藏起来直到孕期结束，然后去乡下把孩子生下来，并将孩子留在那里。最好能结婚，这样你的任何孩子都会被认为是你丈夫的——不管他们实际上是不是。几乎可以肯定，这是一位男作家的幻想。

事实上，这类几乎总是匿名的文学作品的作者很可能是男性。即使如此，翻阅当时巴黎警方的记录可以发现，至少在法国，女性深入地参与了此类书籍的制作和发行。[1] 不仅如此，我们在其中听到的是女性的声音：尽管她们的故事肯定会刺激男性观众，尽管这些书专注于以男性为中心的快乐，主角仍然是**女性**。不过，即使这些书是男性的幻想，它们还是打破了基督教道德的束缚，就像哥白尼蔑视他所处的时代以地球为中心的信仰一样。其中一些女主人公不像《学校》中的表姐妹那么拘谨，甚至谈论了男人与男人、女人与女人，有时是所有人组合在一起时的快乐。

*

在18世纪，探索内心想法和主观感受在小说中被提升到新的高度。像同体裁的许多其他作品一样，塞缪尔·理查森的《帕梅拉》利用信件的即时性，通过认同、同情和想象，将读者带入主人公的心灵。《帕梅拉》展现的是英国新教圣徒的生活，使人想起无数被诱惑困扰的天主教女性（有时是男性）圣徒。《帕梅拉》的新颖之处在于，欲望（男人方面）和排斥（女人方面）变成了爱情和婚姻。

理查森的这本长篇小说讲述了贫穷但美丽的仆人帕梅拉和她像胡迪尼[2]一样从她"主人"B先生的强奸企图中逃脱的故事。B先生是一个"寻欢作乐、诡计多端的绅士"。[3] 最后，她意识到她爱他（他也意识到他爱她），于是他们结婚了。直到这时，他们才发生了性关系

1　Margaret C. Jacob, "The Materialist World of Pornography," in Lynn Hunt, ed., *The Invention of Pornography: Obscenity and the Origins of Modernity, 1500-1800* (New York, 1996), pp. 157-282.

2　哈利·胡迪尼（Harry Houdini），活跃于19世纪末20世纪初的匈牙利裔美国籍魔术师、特技演员，以逃脱表演闻名。——译者注

3　Samuel Richardson, *Pamela, or Virtue Rewarded* (New York, 1958), pp. 91, 476.

（尽管读者必须想象他们的新婚之夜）。但是，她的丈夫很快就给她制定了四十八条好妻子行为规则，包括要求她"像寓言中的芦苇一样灵活，以免在抵抗暴风雨时，像橡树一样被连根拔起"。这句话暗示即使在他们结婚后，他可能继续试图"强奸"她。我把强奸放在引号里，因为当时的英国法律明确否认了"婚内强奸"的可能性：丈夫总是有权利与妻子发生性关系，不管她是否同意。这在英格兰和威尔士的法律中一直延续到20世纪90年代，在美国的普通法系中一直延续到20世纪70年代。[1]

《帕梅拉》立即成为畅销书，同时也成了批评和讽刺的对象。也许最尖锐的是亨利·菲尔丁（Henry Fielding）的《沙梅拉》（Shamela）。《沙梅拉》的女主人公是一个妓女的女儿，是一个放荡的阴谋家，她欺骗不知情的主人与她结婚。但是迄今为止，对《帕梅拉》最流行和最持久的"回应"是约翰·克莱兰（John Cleland）的《一个寻欢女人的回忆录》（Memoirs of a Woman of Pleasure），这本书更为出名的题目是《范妮·希尔》（Fanny Hill）。在当妓女方面，范妮有点像南纳；在对性的狂热方面，她很像凯蒂；在婚姻方面，她又像帕梅拉，她最后嫁给了自己所爱的人。

《回忆录》是克莱兰因负债被监禁时写的，这是他的第一本书，它也永远影响了他许多其他作品的接受度。可以肯定的是，这本书卖得很好，并且拥有许多秘密的版本和翻译。但是，这本书在美国直到1963年都还是禁书，在英国则直到1970年都仍是禁书。书中对范妮

1　Adrian Williamson, "The Law and Politics of Marital Rape in England, 1945-1994," *Women's History Review* 26 (2017): 382-413; Rebecca M. Ryan, "The Sex Right: A Legal History of the Marital Rape Exemption," *Law and Social Inquiry* 20 (1995): 941-1001.

感官享受详细、狂热的描述，以及对两个男人发生关系的简短描述，对大多数读者来说掩盖了其严肃的论点：男女双方的感官体验都是通往真爱和美德的绝佳前奏。换言之，贪得无厌的爱可能为一夫一妻制铺平了道路。

克莱兰借鉴了他所处时代的最新思想。在《人类理解论》（*An Essay Concerning Human Understanding*）中，哲学家约翰·洛克认为，我们并非生来就有上帝或者自然植入我们脑海的先天观念。相反，我们只能通过感官获得我们所知道的一切。经验是关键。当然，我们中的一些人只是坚持我们简单的思想及少数简单的联想，比如洛克的"我喜欢一切给我带来快乐的东西"的普遍观念，或者一些习惯性的、根深蒂固的观念，比如"我母亲告诉我，贞洁是美德，所以它一定是美德"。但是其他一些非凡的人会将种种思想结合起来。[1]

范妮思考了一个洛克从未讨论过的话题：性。也许，洛克省略了这个话题很奇怪，因为性是《维纳斯学校》和其他同类文学作品所聚焦的感官体验。如果洛克活到《帕梅拉》出版的时候，如果他想评论她的行为，他可能会注意到，像"保持你的贞洁"这样的道德规则对帕梅拉来说仅仅来自习惯。因为，鉴于她没有经验，她怎么可能知道性是什么，或者它是一件好事还是坏事？而且，鉴于洛克的普遍快乐原则，她怎么可能"爱上"一个只给她带来痛苦的男人？

范妮与帕梅拉不同，她经历了各种可以想象的情爱。她必须这

---

1 John Locke, *An Essay Concerning Human Understanding* 2.20.4, in *The Clarendon Edition of the Works of John Locke,* ed. Peter H. Nidditch（Oxford, 1975），见 www.oxfordscholarlyeditions.com，"任何一个人，当他想到任何存在或不存在的事物都会给他带来快乐时，他就会产生我们称之为爱的想法。"

样做：她主要的感觉器官是她的"柔软的爱的实验室"，她仿佛一位优秀的科学家一样在做实验。[1] 但是，就像伏尔泰（Voltaire）笔下的"老实人"一样，当查尔斯被派往南洋时，她被粗暴地驱逐出了她的田园生活。通过在一个有好人、有坏人、有无情无义之人的世界中自力更生，她获得了智慧。

身体比头脑知道得更多。在遇到查尔斯之前，范妮在布朗夫人的妓院通过其他女孩了解了性，她"情不自禁、非常困惑、不知所措"。作为一个年轻纯洁、思想尚未成形的女孩（她是一个十五岁的处女），她不知道该如何看待自己的感觉；她没有"思想的自由"。但是，其他女孩的"无忧无虑、轻率自由的欢乐"以及她在房子里瞥见的性点燃了她"快乐的原则"。由于她只有从小养成的习惯，而没有深思熟虑的思考，她的道德观很快就沦落到了和她的同伴一样。当她透过小孔窥见一个男人时，她被迷住了。这一幕激起了她的"快感"。凭着"自然的本能"，她知道"可以期待[自然]赋予的如此适配的融合所带来的至高无上的快感"。

尽管许多其他形式的性知识有助于形成她对人类的理解，但是"如此适配"是范妮学到的众多内容之一，还有与人相处的所有可能的体验。不过，有一种知识形式受到范妮（很可能还有克莱兰）的谴责：男人之间的性行为。范妮称其为"犯罪"，这反映出英国18世纪通过的禁止"鸡奸"的新规定。（"同性恋"这个词是在19世纪末才发明的。）极具讽刺的是，克莱兰本人也被指责有这种关系。

但是，让我们回到男人和女人的"身体部分"完美结合的许多时

---

[1] John Cleland, *Memoirs of a Woman of Pleasure*, ed. Peter Sabor (Oxford, 1985), pp. 116, 11-12, 22, 25, 108, 80, 64.

第五章　贪得无厌

刻。在这种情况下，性是纯粹的幸福。当两个寻求快乐的人都很美时，那是最好的，女人像范妮自己一样可爱，男人"健硕"，或者用范妮的话说，"是你能见到的最美的女性身体"。美丽的人被激发出热情，他们从彼此身上得到的快乐比普通的"被动的身体效应下的两性碰撞"所产生的"仅仅是动物的快乐"更好。当范妮所吸引的年轻人威尔在人格上也很吸引人时，范妮谈到了爱。克莱兰试图将动物之性与爱情之性、爱情之性与真正的爱区分开来。威尔不是范妮的真爱。与威尔在一起，没有"那种甜蜜的愤怒，那种活跃的喜悦的怒火，它为相互之间激情之爱的快乐加冕——在那里两颗心温柔地、真正地结合在一起，组成团体歌颂爱情"。"组成团体"在这里似乎是一个奇怪的表达，但在克莱兰所生活的18世纪的背景下不是这样，当时它指的是一个互助会。这也是对洛克的呼应，在这里是指他的《政府论》（*Two Treatises of Government*），在这本书里他强调了人的社会性，强调了人需要并且渴望与他人聚会。

当查尔斯从漫长的海上航行回来时，他与范妮的重逢就像奥德修斯和佩内洛普的重逢一样充满激情。然而，范妮并没有在这段时间哭泣。"那就更好了。"这是克莱兰含蓄的回应。只有通过性——通过思考和比较她对"真相！赤裸裸的真相"的体验，范妮才能够看到为什么她贪得无厌的爱情生活是"丑陋的"。只有这样，她才配得上"爱情、健康和财富所能赐予的一切祝福"。这些祝福包括婚姻和孩子——克莱兰开始接受社会的习俗。

范妮的生活被人们阅读，不是因为它体现了洛克的原则，而是因为它令人震惊，因为它论证了（至少是表面上的）包萨尼亚所标榜的那种低级的爱。在这两点上，它是18世纪对操纵者、不法之徒和浪荡子的文学呈现，他们挑战宗教情感，揭露上层社会关系的虚伪，以及性忠诚的伪装。

然而，除了克莱兰的《回忆录》之外，这些文学作品大多批评而不是赞美贪得无厌的爱情无休止的欺骗性。因此，在肖代洛·德·拉克洛（Choderlos de Laclos）的《危险的关系》（*Dangerous Liaisons*）中，工于心计的主人公瓦尔蒙子爵和梅尔特伊侯爵夫人仔细地区分了性和爱。他们对爱情不屑一顾：只有傻瓜才会坠入爱河。然而，为了他们的目的，他们掌握了所有关于爱情的"寄生"词汇和短语——他们直接从多情的中世纪诗人的剧本中提取出来。[1] 他们将眼泪、叹息和无尽激情的表达等语言和姿态作为工具，撬开受害者体内的情感火药桶。瓦尔蒙对美丽贤惠的都尔薇夫人——其感官欲望的新对象——写道："我正在写作的这张桌子，第一次被当作桌子，对我来说，它已经成为神圣之爱的祭坛。"那张"桌子"实际上是他当时的女性伴侣的臀部。拉克洛在这里描绘了一幅贵族堕落和不道德的画面，这为法国大革命铺平了道路。

但是，这个故事不仅仅是讽刺。每个读者都会立即意识到，这部小说中真正重要的关系是瓦尔蒙和梅尔特伊这两个操纵者之间的关系，尽管他们会对此嗤之以鼻。很明显，瓦尔蒙并不是唯一一个玩弄爱情观念的人。起初，都尔薇夫人拒绝了他的追求，还在他眼前撕碎了他一封热情洋溢的信，但她私下却为自己能在另外一个人身上引发这样的激情而深受感动。她不太清楚为什么，只是把撕碎的信粘贴在一起，并且用眼泪将它打湿。她和她的引诱者都陶醉于他们在

---

1 Choderlos de Laclos, *Dangerous Liaisons*, trans. Helen Constantine (London, 2007), pp. 201, 104, 148, 181, 180, 349, 352.

第五章　贪得无厌

另一个人身上激发爱的能力。但恩写道:"请恩准我漫游的手。"[1] 爱的宣言本身就是一种对他人的权力,即使它在假装服从。

战争和狩猎的语言也是爱情的行话。瓦尔蒙毕生致力于将美丽的女人作为他的猎物;他最希望的就是拖长他的求爱时间,使他的猎物在"漫长的痛苦中"放弃她的美德。对梅尔特伊来说,她声称自己已经完全掌握了假装恋爱的艺术。像范妮一样,她认真观察、"深思熟虑"。与范妮不同的是,她关注的不是自己的感觉,而是上流社会的男人和女人"试图隐藏的东西"。从她的观察中,她学会了"遮掩",学会了掩饰她的感情,学会使用手势和表情表达相反的意思。她懂得退缩到美德和谨慎的面纱后面,一边不动声色地激发爱,一边旋风一般追逐快乐。她在给瓦尔蒙的信件中写道:"你难道不是已经得出结论,[我]生来就是为我的性别报仇,征服你的性别吗?"

这些人认为他们拥有爱的丰饶,却没有爱的匮乏。他们是在自欺欺人。当瓦尔蒙爱上都尔薇夫人时,匮乏获胜;当梅尔特伊无法抑制她可怕的嫉妒时,匮乏再次获胜。但是,拉克洛想揭开的不仅仅是他主人公的情感弱点。他想揭露他们对社会要求的顺从——即使他们想象自己是自由的。因此,当梅尔特伊要求瓦尔蒙与都尔薇夫人断绝一切联系时,他照做了,因为他害怕社会的嘲笑,害怕被指责"有一段浪漫而不幸的爱情"。他的名誉就是一切。梅尔特伊道出了问题的实质:"你宁愿多牺牲一千个[女人]也不愿意受人嘲笑"。在拉克洛出版《危险的关系》的二十年前,卢梭的《社会契约论》(*Social Contract*)认为,男人(和女人)生来自由,但到处都有枷锁,都为社

---

1 译文引自《约翰·但恩诗集》,第59页。——译者注

会习俗所束缚。拉克洛很同意: 梅尔特伊和瓦尔蒙认为他们不受管束。事实上, 他们完全被束缚了。

运动中的恋人

《危险的关系》中的所有主人公和他们的受害者最终都备受折磨。事实上, 这也是18世纪大多数虚构的浪荡子的命运。不过通常来说, 直到他们已经收获了快乐, 直到他们已经对别人的生活造成破坏, 厄运才会来临。社会变革鼓励新思潮, 这种思潮不仅出现在拉克洛对贵族的描述中, 也出现在资产阶级中。新思潮非但没有像"被解放的"梅尔特伊所希望的那样赋予妇女权力, 反而使她们受到了男人更大的控制。哲学家伊曼纽尔·康德将女性的本性理论化为道德和智力上的缺陷。根据他的说法, 她"美丽的灵魂"需要由她的丈夫来"管理"。18世纪的女性期刊 (很像今天的博客、社交媒体和女性杂志) 向新近识字的中产阶级女性读者兜售这样的思想: 美丽的容貌和身体有利于吸引和留住男人。

所有这一切都鼓励了讨论诱惑的文学的出现, 它最初遭谴责 (如《危险的关系》), 后来逐渐获赞美。萨德侯爵对自己的放荡生活毫无悔意, 他在小说中大肆宣扬"罪恶" (他认为是美德)。他声称自己是**哲学家**, 他将自然作为他的向导:

> 我把这部作品献给各个年龄段、各种性别、各种倾向的浪荡子。冷酷无情的道德家告诉你们要害怕你们的激情。但其实, 这不过是大自然试图劝说你们完成其工作的手段……年轻的处女

们……抛开你们可笑的宗教束缚,唾弃你们愚蠢的父母的戒律。相反,屈服于逻辑所描述的自然法则,委身于那些想成为你们爱恋的人的怀抱。放荡的人……除了你们的欲望,不要承认任何控制,除了你们的想象力,不要承认任何限制。[1]

生命是可悲的,我们从未要求出生,我们能做的最好的事就是尽可能获得快乐。

萨德的生活充满了罪恶:十九岁时,他已经有了“放荡的名声”。此后,他勾引女人和男人,享受性虐恋,并沉溺于“可怕的不敬”——例如,亵渎十字架。仅仅在一年之中,即在1771年(他三十一岁),他的妻子生下了他们的第三个孩子,他因债务遭监禁,还勾引了妻子的妹妹。1772年,他、他的贴身男仆和四名妓女一起狂欢,其中一名妓女因服食春药病倒。为了逃避法律制裁,萨德和小姨子逃往意大利,在那里他被逮捕入狱。他在狱中找出时间费力地写作小册子、剧本和小说。[2] 这些都是爱情吗? 都是爱情,萨德会这么说。听听《卧室里的哲学》(*Philosophy in the Bedroom*)开头的对话:

场景:在圣安热的卧室,她躺在床上,只穿了一件睡袍。有人敲门。进来的是骑士。

圣安热:下午好,骑士。

请告诉我,你的朋友多尔曼塞在哪里?

---

1 Sade, *Philosophy in the Bedroom* in *The Complete Marquis de Sade*, trans. Paul J. Gillette, vol. 1 (Los Angeles, 1966), pp. 208, 209.

2 Sade, *The Marquis de Sade: The Crimes of Love: Heroic and Tragic Tales, Preceded by an Essay on Novels*, trans. David Coward (Oxford, 2005), pp. xi–xiv.

骑士：他马上就到了，我的爱人。我相信你能在一两个小时内控制住你的激情。如果不能，请允许我为你服务。[1]

"我的爱人"、服务的誓言：这些曾经是，现在也仍然是西方爱情语言的一部分。

一开始，浮士德和唐璜受到了人们的道德谴责，但是到了18世纪末，他们引起了人们的钦佩。浮士德的故事是这样的：在16世纪的德语版本中，浮士德最初是一个魔术师，是一个不信教的人，后来变成一个将自己的灵魂出卖给魔鬼的好色之徒（在歌德1832年的作品中如是），他因此受到了赞美。这个故事在欧洲各地流传，歌德儿时曾观看这个故事的木偶戏，这个故事从此一直萦绕在他脑海。在他最早的版本《原浮士德》（*Urfaust*，18世纪70年代）中，歌德谴责了这位追求享乐的男主人公，因为他勾引并抛弃了无辜的玛格丽特（这与他出版《少年维特之烦恼》的时间接近）。

但是，在他最终版本的《浮士德》（*Faust*）中，他拯救了他的男主人公，他赞扬浮士德玩弄女性是他"永不满足的奋斗"的基础。生活中最重要的是男性的贪得无厌——不论在爱情中，还是在战争中，不论在积累财富时，还是在积累权力时。没有什么是足够的。一颗永不满足的心灵无法忍受稳定。因此，在浮士德与玛格丽特坠入爱河、与特洛伊的海伦幸福幽会之后，他成了19世纪一位成功的开拓者，他开垦土地，修建堤坝，无情地清除所有挡路者。欲望在这里与贪婪相伴相随，两者都是美德。浮士德将任何对他生活方式的焦虑怀疑都

1　Sade, *Philosophy in the Bedroom*, p. 209.

视为"幻影"。

> 在前进的路上会碰到困苦和幸福,
>
> 他!在任何瞬间都不会满足。(11451—11452)[1]

浮士德死后,天上的天使骗取了魔鬼应得的钱财,当他们把主人公的灵魂带到天国的时候,他们是这样解释的:

> 灵界的这位高贵的人,
>
> 已脱离凶恶之手,
>
> **凡是不断努力的人,**
>
> **我们能将他搭救。**(11934—11937)[2]

歌德使用特殊字体强调了最后的这些话。这是否意味着,**尽管**浮士德罪恶深重,他仍然获得了拯救呢?完全不是。他得救正是因为玛格丽特。玛格丽特,这位被引诱、被抛弃的女人,现在是天堂里的忏悔者,她很高兴地向"荣光圣母"玛利亚喊道:

> 请你,请你,
>
> 你,无与伦比者,
>
> 你,充满光明者,

---

1 Johann Wolfgang von Goethe, *Faust: A Tragedy in Two Parts with the Walpurgis Night and the Urfaust*, trans. John R. Williams (Ware, 2007). 引用以行号标注。(译文引自《浮士德》,歌德著,钱春绮译,上海:上海译文出版社,2007年,第447页。——译者注)

2 译文引自《浮士德》,第468页。——译者注仁慈地正视我的愉快。

往日的爱人，

不再是钝根，

他已经回来。（12069—12075）[1]

他在天堂会不会对她保持忠诚呢？人们可能会怀疑这一点。因为在这部长篇诗剧的结尾处，仿佛为了总结它的寓意，神秘的唱诗班宣称：

一切无可名，

在此处完成；

永恒的女性，

领我们飞升。（12108—12111）[2]

永恒的女性，*das Ewig-Weibliche*。玛格丽特和海伦只是代表了吸引男人完成伟大事业的磁极。浮士德的传说以谴责包萨尼亚低级的爱神开始，又以授予它一个美好的光环结束。

*

总体而言，这也是唐璜的幸福命运。最初，在蒂尔索·德·莫利纳（Tirso de Molina）出版于1630年的剧本中，唐璜是一个无赖，

1　译义引自《浮士德》，第473页。——译者注
2　同上书，第475页。——译者注

第五章　贪得无厌

他伤害了遇到的每一个女人。在那不勒斯，他将自己伪装为一位公爵夫人的情人。后来，他被冲到了西班牙海岸，在渔夫的女儿忒斯比的怀抱中找到了安全感。"高贵的年轻人，如此英俊、快乐／精致，醒来吧，我说！"[1]

唐璜向她承诺将永远爱她，她提醒他"上帝是存在的——死亡也是"。但是，他像风一样自由，他已经让人给马匹上了鞍，准备一旦与她上床就马上离开。为了转移注意力，他还下令烧掉可怜的忒斯比的小屋。唐璜就是用这种方式在西班牙引诱女人。但是，他的乐趣不在于满足匮乏之爱，而在于欺骗。他承认：

> ……在塞维利亚
> 我被称为捣蛋鬼；我最大的乐趣
> 是欺骗女人，让她们感到不光彩。

回顾狄奥提玛的词汇，我们可以说，唐璜的贪得无厌与其说是因为匮乏，不如说是因为想展现自己的机智。不巧，在一次行骗中，他杀死了唐·贡萨洛。唐·贡萨洛是唐娜·安娜的父亲，唐璜差一点就诱骗了安娜，不过安娜发现了他的伪装。后来，贡萨洛的石像施展了自己的计谋，它邀请唐璜在一个空墓中与它共同用餐。在一顿由蛇、醋、指甲和冰组成的晚餐结束时，石像伸出手来，当唐璜握住它时，他感受到了地狱之火。他恳求神父赦免他的罪恶，但是，雕像说太晚了，

1　Tirso de Molina, "The Trickster of Seville and His Guest of Stone," trans. Roy Campbell, in *Life is a Dream and Other Spanish Classics*, ed. Eric Bentley (New York, 1985), pp. 152, 163, 173.

于是，唐璜死了。

　　但是很快，就像莫里哀1665年的戏剧《唐璜》（*Don Juan*）呈现的那样，唐璜**拒绝忏悔**。"不，不，无论发生什么，都不会有人说我忏悔了。"[1] 他关心的是保持他死后作为一个浪荡子的声誉。在莫扎特和他的编剧达·蓬特（da Ponte）创作的歌剧《唐·乔万尼》（*Don Giovanni*, 1787年）中，这种生活带来的乐趣更加吸引人。音乐和诗句将乔万尼的诱惑描绘得如此迷人，因此尽管农家女泽林娜因乔万尼的乞求而屈服，人们也很难责怪他。

> 唐·乔万尼：来吧！来吧！
> 在那里你会向我伸出你的手。
> 泽林娜：很快我就无法抗拒了。[2]

同样，人们也很难责怪唐娜·埃尔维拉，她被他引诱过、抛弃过，也放弃了他回来的希望。

> 唐娜·埃尔维拉：我可以相信我的眼泪已经赢得了
> 你的心吗？我心爱的唐·乔万尼忏悔了，回来履行他的职
> 责，回报我的爱？

她最好不要相信；如果没有包萨尼亚、婚姻圣礼以及社会中大多数人

1　Molière, *Don Juan*, trans. Brett B. Bodemer, 2010 at digitalcommons.calpoly.edu/lib_fac/54/.
2　W. A. Mozart and Lorenzo Da Ponte, *Don Giovanni*, trans. William Murray (1961), at bit.ly/3JBZe9X.

　　　　　　　　　　　　　　　　　　　第五章　贪得无厌

所谴责的贪得无厌的爱情，乔万尼是活不下去的："爱情在任何形式之下都是一样的。对一个[女]人保持忠诚，是对其他人的残忍。"这位莫扎特式的唐璜一次又一次地拒绝忏悔。

因此，当拜伦勋爵着手这个主题时，唐璜已经成为一个浪漫的主人公，他的自由不是因为一个贵族可能会玩弄女性，而是因为这个唐璜、这个领主、这个男人，对自己是忠实的。拜伦笔下的唐璜是一位魅力十足、非常机智的年轻人。由于他与初恋情人被发现私通，他必须在外漂泊。他像奥德修斯一样在希腊海岸遇险，后来在一位美丽年轻女子海蒂的照料之下，他恢复了健康。像瑙西卡娅一样，她爱上了他。但是，唐璜拒绝了荷马的模式，他没有用"志同道合才是好婚姻"这样虔诚的话语来回应她的邀请。相反，他和海蒂过着所有佩内洛普的追求者都梦寐以求的梦幻生活。当海蒂的父亲兰布罗在海上掠夺和奴役其他国家和人民时，这对年轻的恋人大肆挥霍兰布罗的财产，尽情享受。

> 她爱着，也被爱着——她崇拜着，
> 她也被崇拜着；按照自然的方式，
> 他们强烈的灵魂，互相倾注。(2.191)[1]

"按照自然的方式"：爱是自然的。所以，多次恋爱、经常恋爱、与不同的人恋爱也同样是自然的。这是人类的处境。没有什么比婚姻更能消灭爱情，不论男女，皆是如此。女人天性善变："无论是结

---

1 [George Gordon] Byron, *Don Juan*, in *Lord Byron: The Major Works*, ed. Jerome J. McGann (Oxford, 1986). 引用以章号和诗节号标注。

婚/还是寡妇，女仆，或是母亲，她都可以像风一样/改变她的想法"
（9.64）；而男人也没有什么不同，他们在努力成为他们所能成为的
一切：

> 我讨厌不专一——我厌恶、憎恨、
> 讨厌、谴责、放弃由这般无常变化的黏土
> 造就的凡人，他的胸膛中
> 无法奠定永久的基础。
> 爱，恒久的爱，一直是我的常客，
> 然而昨天晚上，在一个化装舞会上，
> 我看见了一个最漂亮的女人，刚从米兰来。
> 这给了我一些像恶棍的感觉。（2.209）

"像恶棍的感觉"在这里是正确的说法，因为《唐璜》是在英国政
府审查和私人资助反对"色情文学"特别激烈的时期写的。对拜伦
来说，**真正的恶棍恰恰是偏狭的法律、偏狭的社会习俗，恰恰是愤慨
的母亲、暴怒的父亲**，他们自命为这些法律和习俗的维护者。道德标
准就像美丽的理想一样既脆弱，又武断。

然而，更深刻的是，对拜伦来说，爱本身就像恶棍，"因为爱早晚
会是自己的复仇者"（4.73）。爱的后果无法预料，并且往往很可
怕——不仅因为它会产生相思病，而且因为它注定会结束。虽然拜
伦没有完成《唐璜》，但很明显，它的寓意并不在于那些贪得无厌的人
将会下地狱，而在于我们最好"囤积温暖，以防冬寒"（10.9）。就像
我们所有人一样，唐璜会变老，他的激情会消退。这个可悲的事实其

至适用于我们这些最热忱的凡人，并且最重要的是，这位具有自我意识的诗人认为，这样的事实也适用于他自己。

事实上，唐璜有意成为拜伦的替身。拜伦出生在英国的贵族家庭，他长相英俊，但是右脚和小腿畸形，并且几乎总是缺钱。他在剑桥大学学习，之后，他不顾周围肆虐的拿破仑战争，在欧洲旅行。他从葡萄牙和西班牙出发，前往希腊、阿尔巴尼亚和土耳其，他的唐璜或多或少地追随了他的路线。拜伦游过达达尼尔海峡，结识了男女情人，并在发表了他的长诗《恰尔德·哈洛尔德游记》（*Childe Harold's Pilgrimage*）的前两章后成名。此后，他成为这种新的消费主义文化中受女性喜爱的男明星（见图7），不过不同的是，他的崇拜者希望改变他的方式。或者，正如他未来的妻子所写的那样："用他的魔力改造拜伦/迫使所有人统统都爱他、服从他。"[1] 她也被他的魔力所吸引，尽管她有所疑虑，还是嫁给了他，不过她很快就后悔了：拜伦在他们的离婚丑闻之后离开英国自我放逐，写下了《唐璜》。

图7：拜伦勋爵。因为与唐璜等伟大情人越来越相似，拜伦受到了人们的追捧，这种追捧至今仍未消失：拜伦肖像的苹果手机壳大量出售。在这里，他是一个年轻的古罗马人，一头卷发。

---

1 Quoted in Paul Douglass, "Byron's Life and His Biographers," in Drummond Bone, ed., *The Cambridge Companion to Byron* (Cambridge, 2004), pp. 7–26, at p. 11.

*

贾科莫·卡萨诺瓦（Giacomo Casanova）与拜伦不同，但与萨德很像，他生活在后拿破仑时代，这一时期，对自由思想、自由主义和政治自由的反对尚未深入人心。他无忧无虑，是名副其实的唐璜。他出生在威尼斯，后来离开意大利前往希腊，之后去了法国。他从法国出发前往维也纳，之后又回到了威尼斯，在那里，他从国家监狱大胆越狱之后，逃到了德国、法国和尼德兰。回到意大利之后，因为被各个城市驱逐，他又去了伦敦。接着，他抵达柏林、俄罗斯、波兰，最后到了西班牙，等等。早在喷气式飞机发明之前，他就已是一位周游世界的旅行家。在他最后的避难所——波西米亚的瓦尔德斯坦伯爵（Count Waldstein）的城堡担任图书管理员时，他可能帮助达蓬特写了一点《唐·乔万尼》的剧本。在任何地方（除了在最后几年），他都能找到美丽的女人与之相爱。他声称，当他迈向老年时，写下《我的一生》（*Story of My Life*）让他非常开心，因为在写作的过程中，他回顾了过去许多的快乐、冒险和不幸的经历。他没有说出来，但显然这是事实：他在写一部"自传体小说"，把自己的生活揉捏、塑造成美味的面包，适合自诩为文学家的人食用。

卡萨诺瓦不是像虚构的唐璜、真实的萨德或者拜伦那样的贵族。他是龙套演员的儿子，在18世纪的"零工经济"中工作，依靠高层人士而不是公司来维持生计。他的爱情也同样是工作，因此，他的工作依赖于需求、机会，依赖于欲望，也依赖于对快乐和财富的承诺。卡萨诺瓦的一个禁忌是与男性发生关系。他和同一个家族的姐妹睡觉，在他住过的许多旅舍吃喝玩乐，有数不清的风流韵事，还遇到了少数几个他考虑结婚的女人。当反思自己的生活时，他将包萨尼亚的道德观抨击得体无完肤："如果享乐存在，并且，如果我们只能在生活中享乐，那么生活是一种幸福。当然，正如我最早知道的一样，生活中也会有不幸。但是，这些不幸本身就证明了善的总和更大。"[1] 事实上，即使是不幸也让他感到高兴——至少当他躲过这些不幸之后。

卡萨诺瓦的许多女人都像他一样漂泊不定，是机会主义者，比如"阉伶"贝利诺（Bellino）。卡萨诺瓦第一次见到她是在安科纳（Ancona）的一家酒店。她的"面孔在我看来很有女人味，男性化的装束并不妨碍我看到胸部的丰满，这让我想到，这一定是个女孩——尽管在节目单上并非如此。因此，我任由她在我心中激起欲望"。贝利诺确实是个女孩，她的名字是特蕾莎（Teresa）。她曾经跟随伟大的阉伶萨林贝尼（Salimbeni）学习声乐，当萨林贝尼真正的门徒去世之后，她采用了这位门徒的名字，在等待加入萨林贝尼的过程中，她如同他的家庭成员一样在博洛尼亚生活。但是，这位伟大的老师不久去世了。因此，当特蕾莎遇到卡萨诺瓦时，她正无处可去。于是她向他发出恳求："唉，我的天使！将我从我的耻辱中拯救出来。带我走吧。我不要求成为你的妻子，我只想成为你的情妇。"从此，两人相互扶持。卡萨诺瓦甚至想娶她。可是，在他们前往博洛尼亚结婚的路上，他的护照丢了。当两人能够再次相聚时，特蕾莎已经在里米尼（Rimini）做了一段时间的女歌手（那里允许女性上台表演——

1　Giacomo Casanova, *History of my Life*, trans. William R. Trask, abridged Peter Washington (New York, 2007), pp. 199, 192, 211, 16–17, 20, 22.

意大利每个城市都有各自不同的规定），并且正在前往那不勒斯，即将开始为期一年的演出。与此同时，卡萨诺瓦在君士坦丁堡有一项工作。

十七年后，两人在佛罗伦萨再次相遇，在那里他们曾有极其短暂的关系——就在特蕾莎的丈夫制作一些热巧克力的时间！后来，她向卡萨诺瓦解释说，她"仍然爱着"她的丈夫，并规定他们以后只能以朋友的身份见面。就在那天晚上，她还向他介绍了她的"弟弟"，这个年轻人实际上是她和卡萨诺瓦的孩子。她的保护者，也就是安排她在那不勒斯首演的公爵，照料这个男孩的成长。他先是请了一位保姆，后来又请了一位音乐导师。现在，这个年轻人在"姐姐"参加新的歌唱活动时跟随着她。当卡萨诺瓦稍后听到她的消息时，她已经在伦敦，并且成为"安杰拉·卡洛里"（Angela Calori）。几年后，卡萨诺瓦又在布拉格遇到了她。

后来，他们的生活就是不断旅行，在任何可能的地方攫取快乐、陷入爱情，将每一个后代留给别人照顾。在这里，被贬低的包萨尼亚式的生活恰恰不应当受到谴责。鉴于像卡萨诺瓦和特蕾莎这样的人必须一直在流动，这种生活是生动的、令人满意的，也是合适的。当卡萨诺瓦在七十二岁回顾自己的生活时，他承认，"我很喜欢误入歧途，我一直生活在错误之中"。他称自己的《我的一生》为"忏悔"，这是对卢梭和更早先的奥古斯丁的指涉。然而，与奥古斯丁不同的是，面对自己的罪过，他没有自我否定；与卢梭不同的是，他没有粉饰自己的失败。他有什么可遗憾或隐藏的呢？

> 我的愚蠢是年轻人的愚蠢。你会看到我在嘲笑它们，如果

你是善良的，你会和我一起嘲笑它们。当你发现我经常毫无顾忌地在必要时欺骗傻瓜、恶棍和笨蛋时，你会笑的。至于女人，这种对等的欺骗会自行抵消，因为当爱情开始时，双方通常都在欺骗。

卡萨诺瓦相信上帝和祈祷，即使他认为自己是一个"自由人"。他了解自己的天性，为自己的激情感到高兴，他对一切都非常好奇。他为快乐而生活，为活着而高兴。爱是他的第二天性。"我为与我相反的性别而生。我一直爱着它，并尽我所能使自己被它所爱。"他希望他的读者会钦佩他，"但我要承认，我无法摆脱对嘘声的恐惧"。

在随后的一个世纪，审查更加严格，卡萨诺瓦即使不是饱受争议，他也被低俗化了。这是梅特涅的时代，这是法国君主制复辟的时代，这是工业革命的时代，这也是维多利亚时代。在美国，对"体面"和"道德败坏"的关注日益增加，并且导致了一系列法庭案件。其中一个案件发生在1815年，当时宾夕法尼亚州政府对杰西·夏普莱斯（Jesse Sharpless）和其他人提起诉讼，因为他们向一些年轻人展示了一幅"下流、邪恶、令人反感、无耻可恶的画"，意图使他们的道德"堕落、败坏"，"并且在他们心中产生过度的淫欲"。[1] "色情作品"这一类别诞生于19世纪：意在激发欲望，"吸引色情的好奇心"，没有其他目的。[2] 色情作品不是为了推动贪得无厌的爱，其目的只是性刺激。

---

1 *Commonwealth v. Sharpless*, 2 Serg. & Rawle 91 (Sup. Pa. 1815), at https://cite.case.law/sergrawle/2/91.
2 *Roth v. U.S.*, 354 U.S. 476 (1957).

终生之爱

人们以"体面"作为谴责色情制品的原因时，爱情也被驯化了。19世纪有很多约会、性和婚姻。但是，只有婚姻或其相似物——持续一生的爱情——才被赞美。"读者，我嫁给了他。"夏洛蒂·勃朗特的《简·爱》以这句话开始了简短的最后一章。这意味着之前的一切都达到了幸福的顶点。

贪得无厌的爱情在很大程度上消失了，一方面被色情作品所淹没，另一方面则被婚姻所淹没。的确，在列夫·托尔斯泰的《安娜·卡列尼娜》（*Anna Karenina*，1878年）中，阿列克谢·渥伦斯基是一个喜欢厮混在女人中间的男人。直到遇见安娜，他才改邪归正。此后，他们坠入爱河，但当安娜认为渥伦斯基不再爱她时，他们的故事戛然而止。安娜纵身一跃，卧轨轻生。于是，轻率的卡萨诺瓦不见了——或者说，歌德、拜伦和特蕾莎也不见了。他们会因为失去渥伦斯基而流下眼泪，然后继续前进。但安娜无法继续生活，渥伦斯基在她自杀后也无法继续生活——尽管他也曾经为了寻求死亡，自愿到塞尔维亚与土耳其人作战。

在司汤达的《红与黑》（*The Red and the Black*，1830年）中，以拜伦《唐璜》的引文为序的章节似乎预示着另外一位玩弄女性的大人物将成为主人公。不是这样，司汤达的主人公于连·索莱尔只有两段爱情。他生来贫穷、敏感、有野心、喜欢读书；滑铁卢战役之后，他是拿破仑的崇拜者。于连努力想出人头地。但是，尽管他在某种程度上意识到，光荣的战争的"红色"已经不复存在，取而代之

第五章　贪得无厌

的是反革命的恐惧、卑微的虚伪、共谋、诽谤和策划的"黑色"，但是，他始终无法适应事实。因为，在更基本的层面上，他鄙视他的社会，憎恨社会对他所属阶级的诋毁，他希望能拥有纯粹的荣誉和责任，渴望在社会冉冉上升。他将他的爱情活动（就像他的其他行为）当作小型的战斗，并且策划着他的行动。他是否有一刻曾是他自己呢？没有。他总是在扮演着某个角色："他害怕一旦离开他打算效法的理想模式，他就会陷入痛苦的悔恨之中，成为永远的笑柄。一句话，使于连出类拔萃的那种东西恰恰使他不能享受就在他脚下的幸福。"[1]

与此同时，于连征服的第二位女性玛蒂尔德-玛格丽特·德·拉莫尔正在展现一个非常不同的幻想，这个幻想是基于玛格丽特·德·纳瓦尔王后对拉莫尔一位祖先的热恋。在玛蒂尔德自述的故事中，玛格丽特王后的爱是如此之深，以至于当她的爱人遭受斩首之后，她"捧着那颗头颅，坐上车，亲手把它葬在蒙特玛尔山脚下的小教堂里"。[2]

小说中唯一没有演戏的人是于连的第一位情妇德·莱纳夫人。她的爱是"真正的爱"，是司汤达在其他地方所说的"结晶"的成果，即一个人意识到另一个人在各方面都如此令人钦佩，以至于成为他或者她所有幸福的来源。[3] 早在两人在一起之前，德·莱纳夫人就产生了这个想法。遗憾的是，一直到小说的结尾，于连对德·莱纳夫人

---

1 Stendhal, *The Red and the Black*, trans. Robert M. Adams, ed. Susanna Lee (New York, 2008), pp. 75, 250.（译文引自《红与黑》，司汤达著，郭宏安译，南京：译林出版社，2015年，第79页。——译者注）

2 译文引自《红与黑》，第274页。——译者注

3 Stendhal, *Love*, trans Gilbert and Suzanne Sale (London, 2004).

的爱才成为结晶。这实在太晚了。最终，于连试图杀死她，因为她在一封信中玷污了他的荣誉，而他则屈服于自己"拿破仑式"的愤怒。他的子弹只擦伤了她，他们在他的监狱里激情重逢。此后，他愉快地走向了死亡。"在露天行走，给了他一种甜美的感觉……'来吧，一切顺利，'他对自己说，'我一点儿都不缺乏勇气。'"早期与莱纳夫人在一起的快乐回忆涌上了心头，而且，也许是于连一生中第一次，"一切都进行得简单、得体，在他这方面则没有任何矫情"。[1] 在故事的结尾，司汤达维护了包萨尼亚式的美好爱情。

在这一点上，他属于自己所处的时代。拉克洛和萨德所描绘的法国贵族的暴行有助于产生理想——如果不是现实的话，即伴侣式婚姻（我们在第三章已经看到了在新成立的美国的平行轨迹）。即使在1815年法国君主制复辟之后，大众舆论仍然坚决反对"放荡不羁"的上层阶级，婚姻幸福的理想则归功于"有美德的"中产阶级。然而，在反映当时"性风俗的不合理的共存"时，司汤达自己也渴望过卡萨诺瓦式的生活。[2] 在他的自传中，当他用首字母缩写列出他一生爱过的十二个女人之后，他狡黠地指出："实际上，我只拥有这些女人中的六个。"他感到遗憾的是，"我没有滥交，不够滥交"。[3]

到了19世纪下半叶，法国几乎人人都能阅读，新的女性读者群开始形成。这就是福楼拜创作《包法利夫人》的背景，主人公沉浸在保尔和弗吉尼亚的浪漫之中，以至于她期望在现实中也可以得到映照。

---

1 Stendhal, *The Red and the Black*, p. 417.（译文引自《红与黑》，第463页。——译者注）

2 Andrew J. Counter, *The Amorous Restoration: Love, Sex, and Politics in Early Nineteenth-Century France* (Oxford, 2016), p. 13.

3 Stendhal, *The Life of Henry Brulard* [i.e. Stendhal], trans. John Sturrock (New York, 1995), pp. 19–20.

第五章　贪得无厌

但是，并非只有女性对爱情拥有幻想。这就是福楼拜的《情感教育》（*Sentimental Education*，1869年）的重点。表面上接受"教育"的"学生"是弗雷德里克·莫罗，他对阿诺夫人这位有点年纪的已婚女人一见钟情。"他眼前仿佛出现了幻象：她坐在长椅中间，独自一人；或者说，因为她的目光使他两眼发花，他看不到其他人。"[1] 尽管他们曾经差一点发生性关系，但她作为一位尽职的妻子和母亲，最终没有迈出那一步。最终，他们渐行渐远。但是，他们对爱情的幻想仍历历在目。最后，弗雷德里克瞥见了阿诺夫人的白发。他们都是老人了；爱情已经离他们远去。他们——以及读者——的"情感教育"苦乐参半，就像构成小说背景的1848年革命一样。培植一个幻想，无论是自由的幻想还是爱情的幻想，都太过莽撞。

福楼拜实际上是在对自己和他的读者进行情感教育。即使贪得无厌的幻想几乎被人们否定，坚定的爱情也不尽然能成为理想。对福楼拜而言，爱情是艺术的缪斯。十几岁时，福楼拜和弗雷德里克一样，看到了一个美丽的已婚女人。那一刻，他心头一震："她看着我。我低下头，脸红了。那是怎样的目光啊！这个女人是多么的美丽啊！我仍然可以看到黑色眉毛下那双热情的瞳孔像太阳一样照在我身上。"[2] 此后，他声称他爱她，他只爱她，尽管他后来很少看到她。她是爱情的梦想，就像贝雅特丽齐之于但丁、劳拉之于彼特拉克一样。福楼拜对爱情的快乐非常敏感，正如他在他们近八年的恋爱之初写给路易丝·科莱（Louise Colet）的信中所说："当我下次见到你时，我想用

1　Gustave Flaubert, *Sentimental Education*, trans. Robert Baldick, rev. Geoffrey Wall (London, 2004), p. 8.
2　Michel Winock, *Flaubert*, trans. Nicholas Elliott (Cambridge, 2016), pp. 32, 77, 425, 427-428.

爱将你覆盖，以爱抚，以狂喜。我想以肉体的欢愉将你淹没，直到你昏厥过去。"但他并不愿意经常和她在一起：他们前两年的通信充满激情，尽管她痛苦地抱怨他只找过她五次，而他们之间的距离并不遥远。从某种意义上说，福楼拜和卡萨诺瓦一样致力于贪得无厌的爱情，但他追求的是幻想，而不是现实。正如他向科莱解释的那样，"我享受放荡的生活，却像个僧侣一样生活"。路易丝·科莱尽管已经结婚，却心怀希望，一次又一次地接受并抛弃了许多情人——这并非轻而易举。福楼拜在给她的信中写着，"你尊重激情，向往幸福"。由于相关的文学作品如此丰富，我们可以看到，尽管19世纪的特点是资产阶级的体面，是资产阶级对体面的强调，浪荡子的生活仍然吸引了许多人。

不受约束的爱欲

19世纪末，理查德·冯·克拉夫特–埃宾（Richard von Krafft-Ebing）和不久之后的西格蒙德·弗洛伊德将性和爱置于显微镜之下观察。正如我们在第二章中所看到的，几个世纪以来，医生们为痴情提供了各种各样的治疗方法。但是，对19世纪的科学家而言，他们关于相思病的基本概念过于简单。克拉夫特–埃宾的《性精神病态》（*Psychopathia sexualis*, 1886）对"性"的研究与林奈[1]对物种的研究一样：他为每一种病理形式的性（及其所暗示的"正常的"性）命名。他和其他医学作家一起，推广了"同性恋"和"异性恋"两个

1　卡尔·林奈（Carl Linnaeus），18世纪瑞典生物学家，创立了动植物双名命名法。——译者注

术语，以及性异常的多种形式，如受虐狂、虐待狂和恋物癖。他认为，"性驱力"是这种多样性的根源所在。

在使用"驱动力"这一术语时，克拉夫特-埃宾借鉴了一个世纪之前赫尔德[1]和席勒[2]著作中的德国思想流派。它假定有两种驱动力：一种是饥饿，其目的是自我保护，另一种是性，其目的是繁殖。这种观点隐含在歌德笔下的浮士德中，他是一个非凡的奋斗者和好色之徒。这些驱动力到底是什么呢？它们是天生的还是经验的产物？它们在身体上的确切位置在哪里（如果有的话）？所有这些问题都有待讨论。当克拉夫特-埃宾加入争论时，他断言人类普遍有这些驱动力。在其原始形态中，繁殖的驱动力与"不受控制的爱"是一样的，他将其描述为"一座烧为灰烬的火山，周围堆满垃圾；它是一个吞噬一切的深渊，它吞噬荣誉、物质和健康"。[3]他说，爱的"缰绳"（这个想法肯定来自柏拉图）是道德、教养、教育和遗传，所有这一切都将它约束在其适当的目的——繁殖之上，或者在不幸的情况下，将其推入偏离的道路。克拉夫特-埃宾的书中充满了案例，他详细地介绍了引发成年异常的早期经历。他的联系直接而简单：例如，他解释说，一个年轻女子想被她所爱的男人殴打，因为在她还是个女孩的时候，她曾被她女性朋友的父亲半开玩笑地打过。

不过，克拉夫特-埃宾将更为广泛、深远的影响归因于性驱力。"很少有人意识到性生活对人在与他人的社会关系中的情感、思想和

1　约翰·戈特弗里德·赫尔德（Johann Gottfried Herder），18世纪德国哲学家、神学家、诗人和文艺理论家，"狂飙突进"运动的理论指导者。——译者注

2　弗里德里希·席勒（Friedrich Schiller），18世纪德国诗人、哲学家、历史学家和剧作家，"狂飙突进"运动代表人物。——译者注

3　Richard von Krafft-Ebing, *Psychopathia sexualis*, trans. Franklin S. Klaf (New York, 2011), pp. 42, 35.

行动所产生的深刻的影响。"这个想法对弗洛伊德来说愈加重要，因为他致力于建立一个统一的理论，以解释正常的和病态的精神生活。如果说性驱力影响"思想和行动"，那么它同样是"艺术成就、宗教和利他主义情感等"的推动者。[1] 弗洛伊德也得出了性驱力的结论，但是，他认为，"性驱力已使性的概念远远超出了它通常的范围"，这是正确的。[2]

弗洛伊德开始谈论"婴儿性欲"：不仅有青春期开始的性欲，也有儿童对母亲乳房的性欲。婴儿不仅在填饱肚子中找到了快乐，而且在吸吮的感觉中找到了快乐。很快，婴儿会发现嘴巴以外的性欲区——实际上是身体的所有表面。从一开始，婴儿的性驱力就与爱密不可分。起初是婴儿对母亲的爱，很快是对父母双方的爱，后来则与其他的对象和追求联系在一起。

对弗洛伊德来说，童年的经历和幻想会在各方面塑造成人的发展，而不仅仅是性行为。诚然，性欲的目标是陶醉于感官的愉悦，但是，感官的愉悦会和心灵的幻想同时出现。性驱力是种子，会绽放各种艺术、音乐和知识的花朵。与克拉夫特-埃宾一样，弗洛伊德的作品充满了案例，但是，弗洛伊德的案例要长得多，因为对他来说，精神健康并不取决于最近的几个访谈。相反，他说，在成人生活中真正重要的经历长期以来一直被"压抑"在意识之外。只有通过长期的治疗，才能将它们揭示出来。比如，没有一个遭受精神疾病的人会因为知道朋友的父亲曾经假装打她而好转。她是在治疗师的帮助之下，通过

1　See Patricia Cotti, "Freud and the Sexual Drive before 1905: From Hesitation to Adoption," *History of the Human Sciences* 21/3 (2000), 20–44, at p. 32.

2　Sigmund Freud, *"Wild" Psycho-Analysis* (1910), pp. 222, 226; at bit.ly/31KCFyV.

痛苦地挖掘出掩埋已久的经历而好转的——她已经对治疗师"形成了充分的依恋（移情）……因此，她不可能重新逃离"。这种"移情之爱"是心理分析体验和获得健康结果的关键。病人爱上了他们的治疗师。他们的治疗师自己也多多少少处在爱中，但他们必须将这些感觉视为"不真实的东西"，视为无意识的幻想的化身，因为一旦注意到这种感觉，就可以加以控制。[1] 简而言之，成人之爱会重复婴儿期的爱，移情之爱甚至比大多数的爱更加直接地重复婴儿期的爱。一旦揭示出这种重复，曾经被超我推入无意识深渊的所有不可接受的、可怕的、令人厌恶的感觉、想法和幻想也会显现。

　　对弗洛伊德来说，爱欲渗透于整个生活之中，无论人们醒着、睡着，还是从事对我们而言重要的创造性活动和职业。治疗的目的是释放被压抑的性驱力元素，使我们更加充分地享受我们可以获得的快乐，而不是使我们的性冲动可以无拘无束——这本身就是病态的。包萨尼亚两种爱中的任何一种都可以，其他包萨尼亚没有想到的爱的形式也可以。因为，很典型的弗洛伊德式的观点是，人们的情感通常是矛盾的：我们爱、恨、恐惧、渴望同一个人、同一件事——所有这些情感都会同时发生。这就是所谓的俄狄浦斯情结的动力："因争夺母亲而产生的仇恨充满了男孩的心灵生活，这是不加抑制的；他不得不从一开始就与自己对父亲怀有的温柔和钦佩之情斗争。"[2]

1　Sigmund Freud, *Observations on Transference-Love (Further Recommendations on the Technique of Psycho-Analysis III)*, in Ethel Spector Person, Aiban Hagelin, and Peter Fonagy, eds, *On Freud's "Observations on Transference-Love"* (London, 2013), p. 24.

2　Sigmund Freud, *Totem and Taboo: Resemblances between the Psychic Lives of Savages and Neurotics*, trans. A. A. Brill (New York, 1918), p. 167.

*

我们可以想象，后弗洛伊德时代的世界将称颂，或至少善待各种爱情和性行为，因为精神分析宣称其目的是提高病人"爱的能力"。[1]这当然有一部分道理。今天，许多人接受同性恋婚姻、变性人婚姻、开放式婚姻。劳拉·基普尼斯（Laura Kipnis）以一种自信满满、无忧无虑的态度指出，终生的爱是一种幻觉："家庭的共同生活"是"现代爱情的义务营房"。[2]帕斯卡尔·布鲁克纳（Pascal Bruckner）建议做分离：可以在一起生活，但是，如果你愿意的话，你可以在其他地方去爱、去渴望。[3]有些人选择多边恋，他们在所有人的同意之下建立浪漫关系和性关系（或者即使无性但是非常亲密的关系）。相反，另一些人（似乎主要是女性）选择了"和自己结婚"，包括受传统启发的婚礼：向家人和朋友发出邀请，走过红地毯，拥有戒指、鲜花、蛋糕和婚礼誓言，例如在一个YouTube视频中就有这样的誓言："在实际生活中、在经济上、在身体上都很好地照顾自己；支持我的创造性实践；滋养我的冒险精神；在心灵方面展开更多的冒险；并致力于我自身的个人蜕变之旅，以便我可以帮助其他人实现同样的目标。"[4]针对这个特定的视频，一位评论者冷漠地评论："那么，新婚之夜如何度过呢？"范妮·希尔在几个世纪前就可以果断地回答这个问题。

1　Freud, *Observations on Transference-Love*, p. 19.

2　Laura Kipnis, *Against Love: A Polemic* (New York, 2003), p. 27.

3　Pascal Bruckner, *Has Marriage for Love Failed?*, trans. Steven Rendall and Lisa Neal (Cambridge, 2013).

4　Grace Gelder, "Adventures in Self Marriage," TED talk (2016), at bit.ly/3loO9d3.

然而，即使在今天，许多人仍然重视终生的爱情。第三章中提到的让-克劳德·考夫曼对现代爱情的批判给人们带来了希望：随着夫妻双方学会向他们的伴侣提供无条件的爱，共鸣和激情之间的历史性冲突将会结束。

　　在拉里·克雷默（Larry Kramer）的《同性恋》（*Faggots*）这部辛辣讽刺艾滋病流行前的同性恋生活的小说中，主人公弗雷德·莱梅什起初似乎想过同性恋版本的卡萨诺瓦式的生活。不同的是，卡萨诺瓦能够记住他所有的伴侣，并且从每一阶段中都获得快乐，而当弗雷德开始记录他不计其数的性经历时，他"因不再记得许多名字感到沮丧。谁是巴特、伊万、汤米、萨姆·杰鲁……23号太多了，更不用说87号了，现在都认不出来了，都不记得了……100？200？ 50？ 23？"[1]尽管他的生活是四处巡游，他的性冒险可以与南纳相提并论，但是，弗雷德渴望真爱，渴望在乡下拥有一所房子，渴望"从此过上幸福的生活"。迪恩克是"真命天子"吗？弗雷德通过扭曲的方式来理清他真正想要的东西。"不，终身的爱不一定是幻想。我开始认为，唯一的幻想是迪恩克。他开始变得越来越不像一个家庭主妇了。或者一个丈夫。"他继续前进，找到了另外一个"瘦削、年轻的漂亮人儿"，他"再次坠落，再次坠入幻想……把一个个热腾腾的数字变成了爱情"。

　　对爱情的幻想混杂在一起，它们相互推搡着，不断诱惑着我们。弗雷德渴望理想婚姻中的相互义务以及和谐的志同道合。同时，他也需要痴迷迪恩克（或另一个"年轻的漂亮人儿"）。对方如此美丽，

1　Larry Kramer, *Faggots* (New York, 1978), pp. 16, 20, 316, 349-351, 335, 363, 362.

如此令人向往，又如此遥远，能赋予他的生命以意义。除此以外，还有"下一个"诱惑，这种贪得无厌的躁动驱使爱欲继续追求"令人兴奋的事情！令人激动的事情！另一种新鲜的性"。幸运的是，不知何故，在最后，弗雷德的"眼睛转向了陆地"。他是否摆脱了幻想的牵引？我想说，他只是找到了又一个幻想——类似于和自己结婚。"我想改变。我必须改变自己。成为我自己的父母。我是足够强大的。"这也是一个幻想，一个完全自足的幻想。

贪得无厌的爱是黑暗的核心，体现了不受束缚的欲望构成的威胁。恰恰是它的卑劣给予它叛逆大胆的光泽，从"体面"的爱情上擦掉了火花。也许这就是它的目的、它**存在的理由**——这是一种扰乱他人、诱惑他人的幻想。这是古代世界的狄奥尼索斯式的狂热，是中世纪恶习的欲望，也是20世纪初弗洛伊德式的贪婪的本我。那么在我们的时代呢？今天，像往常一样，它是一种实验的方式，是一种重新定义体面的方式，也是与规范合作的方式。包萨尼亚对爱女人的男人感到愤怒；中世纪的教会人士彼得·达米安（Peter Damien），对爱男人的男人感到愤慨；在20世纪，弗雷德·莱梅什对自己的贪得无厌感到沮丧。很难预测下一个被突破的边界，但可以肯定的是，"丰饶之神"和"匮乏之神"会找到它。

结　论

当司汤达笔下的玛蒂尔德·德·拉莫尔告诉于连·索莱尔他应该爬上梯子走到她的卧室时，她并不是像狄奥提玛一样希望他上升到美德。她希望他成为她的情人，就像16世纪的玛格丽特王后那样。或者她是这样想象的。然而，一旦于连来到她的房间，她所感受到的只有义务。她认为她应当履行自己的职责，她也确实这样做了。但是之后，她感到很失望：她只感到了"不幸和羞耻"，"没有发现小说里说的那种圆满的极乐"。[1] 对于连来说，他也同样感到不安。他一直在"追求一个情人的幻影：这个情人应当天性温柔，只要她能让她的情人快乐，她丝毫不会考虑自己"。[2] 玛蒂尔德不是这样的情人。然而，两人继续交往，继续幻想他们相爱着，并且继续计划共同生活。

幻想有助于将可能无法充分发展的感情组织、塑形。这并不是

1　译文引自《红与黑》，第313页。——译者注

2　Stendhal, *The Red and the Black*, trans. Robert M. Adams, ed. Susanna Lee (New York, 2008), pp. 286–287.

说爱情不存在；它确实存在，但是，"它"并不是一件简单的事情。喜爱、温柔、欲望、愤怒、仇恨、怨恨、需要、责任、荣誉、伤害、蔑视、悲伤、绝望、羞耻、野心和算计都可能混杂在一起去构成它。只有冷漠才是爱真正的反面。因为它如此复杂，所以，我们试图以类别将它驯服："爱"这一简短的词汇本身就是这样一种类别。本书开头所有关于爱的寻常语言，都在进一步尝试着将"爱"定位，甚至赋予"爱"道德意义。

爱的故事提供了强有力的结晶：它们给予爱可以遵循且揭示其回报的脚本和模式。弗洛伊德称超越之爱为"不真实的东西"。但是，即使弗洛伊德也知道，这并不是全部的真相。**所有的爱都如同超越之爱**，尽管它们基于我们的感受、生活经验和对这些事物的理解模式等诸如此类的东西（包括我们的幻想）。无论我们是否喜欢，**幻觉**（从儿童的游戏表演到"匿名者Q"[1]）在很大程度上是现实的一部分；**虚构**是我们从不同元素的聚合之中获得意义、创造艺术的方式。

爱的幻想并不空洞。事实上，它们可以作为权力的工具来运用。从玛蒂尔德的案例中可以很容易地看到这一点，她对祖先的故事充满了戏剧性的幻想：她把玛格丽特王后的爱情想象成自己的爱情——她把于连的命运变成玛格丽特情人的命运。他被处决之后，玛蒂尔德拿走了他被砍下的头颅并将其埋葬——她将自己对16世纪王后的幻想发挥到了极致。

玛蒂尔德所遵循的剧本仅仅属于她自己。它从未被认可为爱的"普遍真理"。但是，许多历史悠久的爱情故事持续影响着几代人。

---

1 匿名者Q（QAnon），一种美国极右翼阴谋论，认为美国政府内部存在一个反对总统唐纳德·特朗普及其支持者的深层政府。——译者注

结　论

爱意味着找到"另一个自己"的想法和荷马一样古老。爱是一片痴情的幻想同样如此——佩内洛普的不断哭泣、吟游诗人的无尽渴望都是这种幻想的重大象征。爱使我们离开尘世的观念在柏拉图《会饮》中狄奥提玛的演讲和中世纪的宗教神秘主义中均有先例。包萨尼亚揭示，贪得无厌的爱的观念在他的时代为人熟知。但是，在包萨尼亚的探讨中，它被认为是神的情爱行为；只有当用它来反对教会和国家的约束，当印刷业使它得以普遍传播时，它才成为**人类爱情**的理想。与这类叙事迥然不同的是，"现代爱情无需义务"的普遍幻想源于对历史的误读，源于对过去所受压迫的错误视角。

经由种种不同的幻想，丰富多样的爱情历史的轮廓渐渐出现了。尽管女性讲述的大多数故事都由男性主导，但她们并不是男性幻想的被动听众；相反，她们根据自己的意图绣制、挪用、重塑这些故事。圣佩蓓图将柏拉图设想的超越上升重新设计为殉道者的艰苦攀登，这比奥利金为基督教独身者重构的理想早了整整一代。当爱洛伊丝宣称她宁愿做阿伯拉尔的情妇也不愿做他的妻子时，她否定了几个世纪以来的基督教教义，因为她宣称爱情应当自由给予、自由获得，且不受誓言的约束。蒙巴斯顿描绘了修女在树上收集阴茎的场景，早在阿雷蒂诺笔下的南纳与各种修道士和神父同床之前，她早已讽刺了教会。女性吟游诗人像任何男性吟游诗人一样热切、痛苦地爱着。蒙田的热心编辑玛丽·德·古尔内尽其所能，让"只有男人才能成为'另一个自己'的传统"不攻自破。

但是整体而言，男性的声音主宰着西方的爱情幻想，即使他们声称在扮演女性角色。男性主宰了对爱的责任、回报、痛苦和道德价值的叙述。无论是明确地，还是隐含地，他们都提供了爱的模式，其意图在于塑造谁爱谁、爱多久、出于什么原因去爱。希波的奥古斯丁使人类之爱有赖于基督教的上帝。在各个层面都由男性统治的教会将《圣经》教义写入了婚姻誓言，从而使它们制度化。柏拉图借狄奥提玛之声，表达了对爱的超越性目的的看法，卡萨诺瓦则宣称爱的快乐是它的本质。

即便如此，男性的声音似乎比女性更为强大，这可能只是因为女性对历史、音乐、艺术和哲学的贡献受到了贬低。歌德的浪漫主义诗歌集《苏莱卡》（*Suleika*）中的一些诗歌实际上是由他的情妇玛丽安娜·冯·维勒默（Marianne von Willemer）创作的。至少阿伯拉尔最原始的哲学思想之一可能是由爱洛伊丝首先提出来的。并且，也许真的有一个叫狄奥提玛的人！

*

古希腊人创造了许多神，包容了各式各样的爱情幻想。这些故事不仅被重复，而且毫无疑问地被人们试验着，就像年轻人扮演希望渺茫的情人时穿着维特的服饰一样。当它们被不同的情感共同体践行时，它们在不同时期受到不同共同体的特别青睐。或者，正如柏拉图的《会饮》中的热烈讨论一样，它们共同得到关注与讨论。但是，古代丰富多样的情爱模式最终为罗马的巨大力量所驯服，并由奥古斯都宣布终结——他以立法管束。即使如此，古老的幻想仍然在"地下"持续着。即使在人们试图消灭它们并强制推行一种标准的爱情幻想时（比方说，隐含于保罗和伪保罗的信件之中、逐渐被教会法规奉为神圣的标准幻想），情况也是如此。在 11 世纪和 12 世纪，教会开始接管先前由私人家庭掌控的婚姻习俗时，那个单一的爱情故事逐渐制度化。然而，古老的幻想火焰仍然持续着。在学校课堂中，它们被点燃；在富人的宅邸中，它们被阐述；在为民众编写、由民众编写的粗俗故事中，它们备受欢迎。因此，如果认为只有一种幻想主导着教会场所，那可能是错误的：《雅歌》中的狂喜之爱渗透到了修道院中：在那里，对上帝的激情和吟游诗人对他的女士的渴望走着同样的道路。本书也未能考虑到众多由穆斯林、犹太教和异教共同体所培植的无数爱情幻想——其中一些爱情幻想与这里的讨论同样"西方"。与此同时，正如我们所看到的，主流的幻想层出不穷、范围日广，并获得了全新的形式。

随着印刷术的发展、宗教改革期间宗教信仰的分裂、民族国家的兴起，以及随之而来人们对教会体制和政治体制的批评，古代世界如此丰盛的爱情幻想如今与基督教的理想混杂在一起，或在对基督教理想的坚决反对中欣欣向荣。因此，在不虔诚的阿雷蒂诺将无拘无束的爱作为爱情的唯一形式的同时，蒙田庆祝他与志同道合的拉博埃西的联结，新教团体在对孩子的爱中找到了超越的可能，许多人继续立下传统的婚姻誓言——无论是在天主教地区，还是在新教地区。人们热情高涨，关于爱情的辩论同样是关于上帝的争论。这些因素让众多关于爱的想法同时兴起，同时也引发了持续一个多世纪的宗教战争。

战争和爱情？这二者从来不像20世纪60年代"制造爱情，而不是制造战争"的口号所暗示的一样，可以截然分离。当然，权力、爱情和性之间的联系一直都非常清晰。柏拉图和亚里士多德在伦理学和政治学的著作中都对此做了探讨。服从的定义已经隐含着权力的等级, 基督教文化将它奉为圭臬: 在修道院中, 修士是"兄弟", 修道院院长是"父亲", 上帝则巍然耸立。它还存在于封建关系中, 存在于传统的婚姻誓言中, 以及爱情诗人所吟唱的服务关系中。霸权和性之间的联系如此根深蒂固, 以至于当欧洲人征服美洲时, 他们将"她"视为心甘情愿的荡妇。《危险的关系》中的人物将爱情作为操纵他人的武器。不过, 当广告商声称"你会爱上我们的麦片"时, 这个词又几乎丢失了它的力量。

几乎是, 但也不完全是。因为, 尽管热切的话语总是难免被常规化和滥用, 它们仍然可能是真诚的; 或者, 它们既具有操纵性, 又是真诚的。有时候, 情人自己也不太清楚他在追求什么。正如瓦尔蒙所认识到的一样, 即使你认为自己穿好了盔甲, 爱情也会转身咬你一口。

今天, 我们不仅继承了西方故事的一切, 还有更多来自非洲、亚洲、南亚和美国原住民群体的爱情传统。但是, 人们很容易坚持某一种幻想, 并且使它成为生活的主宰。爱洛伊丝的爱属于恋人之间心心相印的爱, 属于自由给予、自由接受的爱; 但丁早年在贝雅特丽齐身上发现了他永远不会放弃的超越性之源。玛乔丽·汉森·谢维茨的丈夫在面对妻子繁忙的事业时, 坚持认为妻子有义务照顾好自己的男人。贝丝·戈尼克很早守寡, 但是终其余生, 她都沉湎于对丈夫的回忆。歌德想象, 浮士德通过爱恋与抛弃玛格丽特而得到了救赎, 因为男人的天性就是努力追求"永恒的女人"。

但是, 也有像卡萨诺瓦这样曾经无休无止地追求女性、后来为了与特蕾莎结婚而愿意抛下一切的故事。他们的婚姻可能不会以基督教誓言中的终生之爱结束, 但是至少, 卡萨诺瓦保留了这种可能性。在漫长的岁月中, 爱的幻想被扭转、重新构想与重新运用。这是一个逐渐在解放的概念。历史具有两个主要用途：了解事情在过去的模样、了解事情如何随着时间变化。它提供了距离和视角。爱情的历史同样是不同幻想的缠结。支撑爱情的模式、理想、希望和想象有待理解，它们的变化有待欣赏，它们的表现有待批评。哲学家西蒙·梅在一本书的开头问道："什么是爱？"我想问的则是："爱曾经是什么？"人们在今天拥有的幻想似乎永恒地萦绕着。它们仿佛是内在的、"自然的"。它们的历史证实，这是最具有误导性的幻想。当杰基·威尔逊唱到"你的爱一直令我飞升"时，他唱出的是一种理想的变奏：这种理想曾经是一位哲学家为超越变化与死亡而作的努力，曾经是中世纪基督徒上升至上帝的渴望，曾经是一位诗人通过佛罗伦萨街头一位女孩的形象而获得的救赎。这是一个美丽的理想，但是如果它设定了一个不能被满足，且永远无法被满足的期待，那么，它可以被抛弃。如果我们感到非常失望，我们可以考虑安格斯和格林伯格所倡导的疗法——这种疗法致力于改变基于我们个人经历的叙事。[1] 我认为，了解爱情的历史同样可能是、也的确是一种疗法，它可以帮助我们从那些看似固定不变、永远真实的故事中获得解放。如果它们对我们不起作用，我们可以找到新的故事、创造新的故事。

我成为一名历史学家，部分原因是反抗弗洛伊德理论的局限之处，他大谈普遍性（如俄狄浦斯情结）和个人神经症（如被压抑的童年幻想）的相互作用，却对一个时代的倾向，对我们对环境和偶然性的依赖一无所知。然而，正如我在研究和写作这本书时所认识到的，历史本身提供了幻想。它们随着时代的变迁而变化，就像它们的相

---

1 L. E. Angus and L. S. Greenberg, *Working with Narrative in Emotion-Focused Therapy: Changing Stories, Healing Lives* (Washington, DC, 2011).

关性和它们拥有的经验一样；然而，尽管如此，它们仍然熠熠生辉，召唤着我们。了解它们的来龙去脉和变化无常，可以帮助我们正确地看待它们，并将我们从它们的控制中解放出来。

延伸阅读

第一章　志同道合

关于《会饮》, 请阅读 Martha C. Nussbaum, *The Fragility of Goodness: Luck and Ethics in Greek Tragedy and Philosophy* (rev. edn, Cambridge, 2001)。关于西塞罗对情感带有偏见的看法, 请阅读 Margaret R. Graver, *Cicero on the Emotions: Tusculan Disputations 3 and 4* (Chicago, 2002)。M. T. Clanchy, *Abelard: A Medieval Life* (Oxford, 1997) 对阿伯拉尔和爱洛伊丝都有深入的理解。在 Philippe Desan, *Montaigne: A Life*, trans. Steven Rendall and Lisa Neal (Princeton, NJ, 2017) 中, 蒙田的友谊被解读为蒙田雄心万丈的一生, 尤其是政治人生的一部分。Susan Lanzoni, *Empathy: A History* (New Haven, CT, 2018) 讨论了 "共情" 这一术语的发展和它的影响。关于对镜像神经元科学的评论, 请阅读 Ruth Leys, " 'Both of Us Disgusted in *My* Insula' : Mirror-Neuron Theory and Emotional Empathy," in Frank Biess and Daniel M. Gross, eds, *Science and Emotions after 1945: A Transatlantic Perspective* (Chicago, 2014), pp. 67-95。

第二章　超越尘世

关于古典时代晚期跨越异教和基督教鸿沟的罗马家庭, 请阅读 Geoffrey Nathan, *The Family in Late Antiquity: The Rise of Christianity and the Endurance of Tradition* (London, 2000)。奥利金、圣伯纳德、玛格丽特·波雷特只是中世纪神秘主义传统的一部分, 关于此, 请阅读 Bernard McGinn, ed., *The Essential Writings of Christian Mysticism* (New York, 2006), Harvey D. Egan, *Soundings in the Christian Mystical Tradition* (Collegeville, MN, 2010) 一书对此有更为全面的论述。Marco Santagata, *Dante: The Story of His Life*, trans. Richard Dixon (Cambridge, 2016) 冷静、清醒地描述了这位诗人。关于18世纪的父母和孩子, 请阅读 Joanne Bailey, *Parenting in England, 1760-1830: Emotion, Identity, and Generation* (Oxford, 2012)。

第三章　责任义务

Susan Treggiari, *Terentia, Tullia and Publilia: The Women of Cicero's Family* (London, 2007) 从女性视角探讨了罗马的婚姻。关于保罗的犹太背景, 请阅读 David Instone-Brewer, *Divorce and Remarriage in the Bible: The Social and Literary Context* (Grand Rapids, MI, 2002)。关于中世纪的婚姻, 该书为必读书目: James A. Brundage, *Law, Sex, and Christian Society in Medieval Europe* (Chicago, 1987)。关于基督教婚姻理论的变化, 请阅读 John Witte, Jr., *From Sacrament to Contract: Marriage, Religion, and Law in the Western Tradition* (2nd edn, Louisville, KY, 2012)。Sally Holloway, *The Game of Love in Georgian England: Courtship, Emotions, and Material Culture* (Oxford, 2019) 探讨了英国 18 世纪的情书和信物, Katharine Ann Jensen, *Writing Love: Letters, Women, and the Novel in France, 1605-1776* (Carbondale, IL, 1995) 探讨了情书在法国生活和文学中的地位。关于 19 世纪的义务, 请阅读 Michael Grossberg, *Governing the Hearth: Law and the Family in Nineteenth-Century America* (Chapel Hill, NC, 1985)。Claire Langhamer, *The English in Love: The Intimate Story of an Emotional Revolution* (Oxford, 2013) 探讨了20世纪英国的爱情需求。关于现代爱情的不确定性, 以及找到正确的契约 "来应对这些不确定性的幻想", 请阅读 Eva Illouz, *The End of Love: A Sociology of Negative Relations* (Oxford, 2019)。

第四章　痴情一片

关于普罗旺斯社会, 请阅读 Fredric L. Cheyette, *Ermengard of Narbonne and the World of the Troubadours* (Ithaca, NY, 2001)。William M. Reddy, *The Making of Romantic Love: Longing and Sexuality in Europe, South Asia, and Japan, 900-1200 CE* (Chicago, 2012) 对三种中世纪文化中的爱情和欲望进行了发人深省的探讨。C. Stephen Jaeger, *Ennobling Love: In Search of a Lost Sensibility* (Philadelphia, 1999) 追溯了西方文化中崇高爱情的理想。Helen Fisher, *Why We Love: The Nature and Chemistry of Romantic Love* (New York, 2004) 以达尔文主义角度解读对爱的痴迷。Elena Ferrante, *The Days of Abandonment*, trans. Ann Goldstein (New York, 2005) 是一部小说, 这部小说追踪一段被撕裂、被纠缠、最终被复位的现代爱情。

第五章 贪得无厌

关于古代社会中贪得无厌的爱，请阅读Thomas K. Hubbard, ed., A Companion to Greek and Roman Sexualities (Hoboken, NY, 2014)。Guido Ruggiero, *Binding Passions: Tales of Magic, Marriage, and Power at the End of the Renaissance* (New York, 1993)对阿雷蒂诺的威尼斯世界进行了详细的描述。关于小说对爱的幻想的发展的重要性，请阅读Ruth Perry, *Women, Letters and the Novel* (New York, 1980)。Jad Smith, "How Fanny Comes to Know: Sensation, Sexuality, and the Epistemology of the Closet in Cleland's *Memoirs*," *The Eighteenth Century* 44/2-3 (2003): 183-202讨论了洛克对克莱兰的影响。Elizabeth M. Butler, *The Fortunes of Faust* (University Park, PA, 1998)追溯了浮士德和唐璜之间相互交织的故事。《唐璜》早期的多种版本包括莫里哀的戏剧（bit.ly/3b39EMm）和朱塞佩·加扎尼加（Giuseppe Gazzaniga）与剧本作者乔万尼·博塔蒂（Giovanni Bertati）合作的歌剧（bit.ly/3bc2q8X）。

参考书目

Abelard and Heloise, *The Letters and Other Writings*, trans. William Levitan. Indianapolis, 2007.

Aelred of Rievaulx, *A Rule of Life for a Recluse*, trans. Mary Paul Macpherson, in *Treatises* and *The Pastoral Prayer* trans. Mary Paul Macpherson. Spencer, MA, 1971.

———, *Spiritual Friendship*, trans. Lawrence C. Braceland. Collegeville, MN, 2010.

Ambrose, Isaac, *The Well-Ordered Family*. Boston, 1762.

Andreas Capellanus, *The Art of Courtly Love*, trans. John Jay Parry. New York, 1960.

Angus, L. E., and L. S. Greenberg, *Working with Narrative in Emotion-Focused Therapy: Changing Stories, Healing Lives*. Washington, DC, 2011.

Anonymous, *The Art of Courtship; or The School of Love*. London, ?1750.

Aretino, Pietro, *Dialogues*, trans. Raymond Rosenthal. Toronto, 2005.

———, *Epistolario aretiniano*, bks 1–2, ed. F. Erspamer. Milan, 1995.

———, "I modi," trans. Paula Findlen, "Humanism, Politics and Pornography in Renaissance Italy," in *The Invention of Pornography: Obscenity and the Origins of Modernity, 1500–1800*, ed. Lynn Hunt. New York, 1996.

Aristotle, *The Complete Works of Aristotle*, ed. Jonathan Barnes. Princeton, NJ, 2014.

———, *Nicomachean Ethics*, trans. Terence Irwin. 2nd edn, Indianapolis, 1999.

Augustine, *The Confessions of St. Augustine*, trans. Rex Warner. New York, 1963.

———, *Letters*, Vol. 2, trans. Wilfrid Parsons. Washington, DC, 1953.

———, *On the Trinity, Books 8–15*, ed. Gareth B. Matthews, trans. Stephen McKenna. Cambridge, 2002.

Baird, Ileana, ed., *Social Networks in the Long Eighteenth Century: Clubs, Literary Salons, Textual Coteries*. Newcastle upon Tyne, 2014.

Bauman, Zygmunt, *Liquid Love: On the Frailty of Human Bonds*. Cambridge, 2003.

Baxter, Richard, *A Christian Directory*, vol. 3. London, 1825.

Bernard of Clairvaux, *On the Song of Songs*, trans. Kilian Walsh, vols. 1 and 2. Kalamazoo, MI, 1971, 1976.

Bernart de Ventadorn, "It is no wonder if I sing" (Non es meravelha s'eu chan), in *Troubadour Poems from the South of France*, trans. William D. Paden and Frances Freeman Paden. Cambridge, 2007.

Béroul, *The Romance of Tristran*, ed. and trans. Norris J. Lacy. New York, 1989.

Bone, Drummond, ed., *The Cambridge Companion to Byron*. Cambridge, 2004.

Botton, Alain de, "Why You Will Marry the Wrong Person," *New York Times*, May 28, 2016, https:// nyti.ms/2NopgCs.

Bourke, Joanna, *Fear: A Cultural History.* Emeryville, CA, 2005.

Bray, Alan, *The Friend*. Chicago, 2003.

Bruckner, Pascal, *Has Marriage for Love Failed?* trans. Steven Rendall and Lisa Neal. Cambridge, 2013.

Byron, [George Gordon], *Don Juan*, in *Lord Byron: The Major Works*, ed. Jerome J. McGann. Oxford, 1986.

Casanova, Giacomo, *History of My Life*, trans. William R. Trask, abridged Peter Washington. New York, 2007.

Castiglione, Baldesar, *The Book of the Courtier*, trans. Charles S. Singleton. Garden City, NY, 1959.

Catullus, *The Complete Poetry of Catullus*, trans. David Mulroy. Madison, 2002.

Chagall, Bella, *First Encounter*, trans. Barbara Bray. New York, 1983.

Chaucer, Geoffrey, *The Parliament of Fowls*, in *The Riverside Chaucer*, ed. Larry D. Benson. 3rd edn, Boston, 1987.

Chrétien de Troyes, *Erec and Enide*, trans. Dorothy Gilbert. Berkeley, 1992.

———, *Lancelot or, The Knight of the Cart*, ed. and trans. William Kibler. New York, 1984.

Christine de Pizan, *The Book of the City of Ladies*, trans. Earl Jeffrey Richards. Rev. edn, New York, 1998.

Cicero, *Laelius on Friendship*, in *De senectute, de amicitia, de divinatione*, trans. William Armistead Falconer. Cambridge, 1923.

———, *Letters to Atticus*, ed. and trans. D. R. Shackleton Bailey, vol 1: *68–59* BC. Cambridge, 1965.

———, *Selected Letters*, trans. P. G. Walsh. Oxford, 2008.

Cleland, John, *Memoirs of a Woman of Pleasure*, ed. Peter Sabor. Oxford, 1985.

Comtessa de Dia, "I have been in heavy grief" (Estat ai en greu cossirier), in *Troubadour Poems from the South of France*, trans. William D. Paden and Frances Freeman Paden. Cambridge, 2007.

———, "I' ll sing of him since I am his love" (A chantar m' er de so qu' eu non volria), in *Troubadour Poems from the South of France*, trans. William D. Paden and Frances Freeman Paden. Cambridge, 2007.

Coontz, Stephanie, *Marriage, a History: How Love Conquered Marriage*. New York, 2005.

Cotti, Patricia, "Freud and the Sexual Drive before 1905: From Hesitation to Adoption," *History of the Human Sciences* 21/3 (2008): 26–44.

Counter, Andrew J., *The Amorous Restoration: Love, Sex, and Politics in Early Nineteenth-Century France*. Oxford, 2016.

Dante Alighieri, *The Divine Comedy*, trans. Charles S. Singleton, 3 vols. Princeton, NJ, 1970–1975.

———, *Vita nuova*, trans. Dino S. Cervigni and Edward Vasta. Notre Dame, IN, 1995.

D'Ezio, Marianna, "Isabella Teotochi Albrizzi's Venetian Salon: A Transcultural and Transnational Example of Sociability and Cosmopolitanism in Late Eighteenth- and Early Nineteenth-Century Europe," in *Social Networks in the Long Eighteenth Century: Clubs, Literary Salons, Textual Coteries*, ed. Ileana Baird. Newcastle upon Tyne, 2014.

Dhuoda, *Handbook for William: A Carolingian Woman's Counsel for her Son*, trans. Carol Neel. Washington, DC, 1991.

Didion, Joan, "The White Album," in *We Tell Ourselves Stories in Order to Live: Collected Nonfiction*. New York, 2006.

Donne, John, "To His Mistress Going to Bed" [1654], Poetry Foundation, bit.ly/3396BAm.

Douglass, Paul, "Byron's Life and His Biographers," in Drummond Bone, ed., *The Cambridge Companion to Byron*. Cambridge, 2004.

Dunatchik, Allison, Kathleen Gerson, Jennifer Glass, Jerry A. Jacobs, and Haley Stritzel, "Gender, Parenting, and the Rise of Remote Work during the Pandemic: Implications for Domestic Inequality in the United States," *Gender and Society* 20/10 (2021): 1–12

Duncan, Anne, "The Roman *Mimae*: Female Performers in Ancient Rome," in Jan Sewell and Clare Smout, eds, *The Palgrave Handbook of the History of Women on Stage*. Cham, 2020.

Elliott [Belson], Mary, *My Father: A Poem Illustrated with Engravings*. Philadelphia, 1817.

Eustace, Nicole, *Passion Is the Gale: Emotion, Power, and the Coming of the American Revolution*. Chapel Hill, NC, 2008.

Ferrante, Elena, *My Brilliant Friend*, trans. Ann Goldstein. New York, 2012.

Findlen, Paula, "Humanism, Politics and Pornography in Renaissance Italy," in *The Invention of Pornography: Obscenity and the Origins of Modernity, 1500–1800*, ed. Lynn Hunt. New York, 1996.

Fisher, Helen E., Xiaomeng Xu, Arthur Aron, and Lucy L. Brown, "Intense, Passionate, Romantic Love: A Natural Addiction? How the Fields That Investigate Romance and

Substance Abuse Can Inform Each Other," *Frontiers in Psychology*, May 10, 2016, doi: 10.3389/fpsyg.2016.00687.

Flaubert, Gustave, *Madame Bovary*, trans. Lowell Bair. New York, 1972.

——, *Sentimental Education*, trans. Robert Baldick, rev. Geoffrey Wall. London, 2004.

Folk, Kate, "Out There," *New Yorker*, March 23, 2020.

Frankfurt, Harry G., *The Reasons of Love*. Princeton, NJ, 2006.

Freeman, Kathleen, *The Murder of Herodes and Other Trials from the Athenian Law Courts*. Indianapolis, 1994.

Freud, Sigmund, *Observations on Transference-Love (Further Recommendations on the Technique of Psycho-analysis III)*, in *On Freud's "Observations on Transference-Love,"* ed. Ethel Spector Person, Aiban Hagelin, and Peter Fonagy. London, 2013.

——, *Totem and Taboo: Resemblances between the Psychic Lives of Savages and Neurotics*, trans. A. A. Brill. New York, 1918.

——, *"Wild" Psycho-Analysis*. 1910, bit.ly/3iKCFyV. Gabb, Jacqui, and Janet Fink, *Couple Relationships in the 21st Century*. Basingstoke, 2015.

Galen, *Commentary on Epidemics 6*, trans. Uwe Vagelpohl in *Corpus Medicorum Graecorum, Supplementum Orientale*, vol. V 3: *Galeni in Hippocratis Epidemiarum librum VI commentariorum I–VIII versio Arabica*. Berlin, forthcoming.

Gálvez-Muñoz, Lina, Paula Rodríguez-Modroño, and Mónica Domínguez-Serrano, "Work and Time Use by Gender: A New Clustering of European Welfare Systems," *Feminist Economics* 17/4 (2011): 125–57.

Giacomo da Lentini, "Just like the butterfly, which has such a nature" (Sì como ' l parpaglion ch' ha tal natura), in *The Poetry of the Sicilian School*, ed. and trans. Frede Jensen. New York, 1986.

——, "My lady, I wish to tell you" (Madonna, dir vo voglio), in *The Poetry of the Sicilian School*, ed. and trans. Frede Jensen. New York, 1986.

Gibbs, Marion E., and Sidney M. Johnson, eds, *Medieval German Literature*. New York, 1997.

Giddens, Anthony, *The Transformation of Intimacy: Sexuality, Love and Eroticism in Modern Societies*. Stanford, CA, 1992.

Glyn, Elinor, *The Philosophy of Love*. Auburn, NY, 1923.

Goethe, Johann Wolfgang von, *Faust: A Tragedy in Two parts with the Walpurgis Night and the Urfaust*, trans. John R. Williams. Ware, 2007.

——, *The Sorrows of Young Werther*, ed. David Constantine. Oxford, 2012.

Goldin, Frederick, ed. and trans., *German and Italian Lyrics of the Middle Ages: An*

Anthology and a History. Garden City, NY, 1973.

The Good Wife's Guide: Le Ménagier de Paris, A Medieval Household Book, trans. Gina L. Greco and Christine M. Rose. Ithaca, NY, 2009.

Gornick, Vivian, *Fierce Attachments: A Memoir*. New York, 1987.

Goscelin of St Bertin, *The Book of Encouragement and Consolation* [*Liber confortatorius*], trans. Monika Otter. Cambridge, 2004.

Gottfried von Strassburg, *Tristan*, trans. A. T. Hatto. Harmondsworth, 2004.

Gowing, Laura, Michael Hunter, and Miri Rubin, eds, *Love, Friendship and Faith in Europe, 1300–1800*. Basingstoke, 2005.

Gregory the Great, *Moralia in Job*, ed. Marcus Adriaen, in *Corpus Christianorum. Series Latina*. Vol. 143B. Turnhout, 1985.

Guinizelli, Guido, "Love seeks its dwelling always in the noble heart" (Al cor gentil rempaira sempre amore), in Frederick Goldin, ed. and trans., *German and Italian Lyrics of the Middle Ages: An Anthology and a History*. Garden City, NY, 1973.

Hale, Rosemary Drage, "Joseph as Mother: Adaptation and Appropriation in the Construction of Male Virtue," in *Medieval Mothering*, ed. John Carmi Parsons and Bonnie Wheeler. New York, 1996.

Hartley, Gemma, *Fed Up: Emotional Labor, Women, and the Way Forward*. New York, 2018.

Hartmann von Aue, *The Complete Works of Hartmann von Aue*, trans. Frank Tobin, Kim Vivian, and Richard H. Lawson. University Park, PA, 2001.

Heffernan, Thomas J., ed. and trans., *The Passion of Perpetua and Felicity*. Oxford, 2012.

Hesiod, *Theogony* and *Works and Days*, trans. Catherine M. Schlegel and Henry Weinfield. Ann Arbor, MI, 2006.

Hochschild, Arlie Russell, *The Managed Heart: Commercialization of Human Feeling*. Berkeley, CA, 1983.

———, *Strangers in Their Own Land: Anger and Mourning on the American Right*. New York, 2016.

———, with Anne Machung, *The Second Shift: Working Families and the Revolution at Home*. New edn, New York, 2012.

Homer, *The Odyssey*, trans. Peter Green. Oakland, CA, 2018.

Hugh of Saint Victor, *On the Sacraments of the Christian Faith* (*De sacramentis*), trans. Roy J. Deferrari. Cambridge, 1951.

Hume, David, *A Treatise of Human Nature*, ed. David Fate Norton and Mary J. Norton. Oxford, 2001.

Hunt, Lynn, ed., *The Invention of Pornography: Obscenity and the Origins of Modernity, 1500–1800*. New York, 1996.

Iacoboni, Marco, "The Human Mirror System and its Role in Imitation and Empathy," in *The Primate Mind: Built to Connect with Other Minds*, ed. Pier Francesco Ferrari et al. Cambridge, 2012.

Jääskeläinen, Iiro P., Vasily Klucharev, Ksenia Panidi, and Anna N. Shestakova, "Neural Processing of Narratives: From Individual Processing to Viral Propagation," *Frontiers in Human Neuroscience* 14 (2020), doi: 10.3389/fnhum.2020.00253.

Jacob, Margaret C., "The Materialist World of Pornography," in Lynn Hunt, ed., *The Invention of Pornography: Obscenity and the Origins of Modernity, 1500–1800*. New York, 1996.

Jaeger, C. Stephen, *Ennobling Love: In Search of a Lost Sensibility*. Philadelphia, 1999.

Karant-Nunn, Susan, and Merry Wiesner-Hanks, ed. and trans., *Luther on Women: A Sourcebook*. Cambridge, 2003.

Kaufmann, Jean-Claude, *The Curious History of Love*, trans. David Macey. Cambridge, 2011.

Kipnis, Laura, *Against Love: A Polemic*. New York, 2003.

Krafft-Ebing, Richard von, *Psychopathia sexualis*, trans. Franklin S. Klaf. New York, 2011.

Kramer, Larry, *Faggots*. New York, 1978.

Kurdek, Lawrence A., "The Allocation of Household Labor by Partners in Gay and Lesbian Couples," *Journal of Family Issues* 28 (2007): 132–148.

La Boétie, Étienne de, *Discourse on Voluntary Servitude*, in Montaigne, *Selected Essays*, trans. James B. Atkinson and David Sices. Indianapolis, 2012.

———, *Poemata*, ed. James S. Hirstein, trans. Robert D. Cottrell, in *Montaigne Studies* no. 3 (1991): 15–47.

Laclos, Choderlos de, *Dangerous Liaisons*, trans. Helen Constantine. London, 2007.

Locke, John, *An Essay Concerning Human Understanding*, in *The Clarendon Edition of the Works of John Locke*, ed. Peter H. Nidditch. Oxford, 1975.

Love, Heather A., David P. Nalbone, Lorna L. Hecker, Kathryn A. Sweeney, and Prerana Dharnidharka, "Suicidal Risk Following the Termination of Romantic Relationships," *Crisis* 39/3 (2018): 166–174.

Lucretius, *On the Nature of Things*, trans. Martin Ferguson Smith. Indianapolis, 2001.

Lystra, Karen, *Searching the Heart: Women, Men, and Romantic Love in Nineteenth-Century America*. New York, 1989.

Maria de Ventadorn and Gui d' Ussel, "Gui d' Ussel, I am concerned" (Gui d' ussel, be.m pesa de vos), in *Troubadour Poems from the South of France*, trans. William D. Paden and Frances Freeman Paden. Cambridge, 2007.

May, Simon, *Love: A History*. New Haven, CT, 2011.

——, *Love: A New Understanding of an Ancient Emotion*. Oxford, 2019.

McCallum, Jamie K., *Worked Over: How Round-the-Clock Work is Killing the American Dream*. New York, 2020.

McMahon, Darrin M., *Happiness: A History*. New York, 2006.

Millot, Michel (?), *The School of Venus: The Ladies Delight, Reduced into Rules of Practice*, trans. Anonymous, 1680.

Missale ad usum . . . Sarum, ed. Francis H. Dickinson. Burntisland, 1861–1883.

Molière, *Don Juan*, trans. Brett B. Bodemer, 2010. digitalcommons.calpoly.edu/lib_fac/54/.

Montaigne, Michel de, *The Complete Works*, trans. Donald M. Frame. New York, 2003.

——, *Les essais* [1595 edn], ed. Denis Bjaï, Bénédicte Boudou, Jean Céard, and Isabelle Pantin. Paris, 2001.

——, *Selected Essays with La Boétie's Discourse on Voluntary Servitude*, trans. James B. Atkinson and David Sices. Indianapolis, 2012.

Mozart, Wolfgang Amadeus, and Lorenzo Da Ponte, *Don Giovanni*, trans. William Murray. 1961, bit.ly/3jBZe9X.

Newman, Barbara, ed. and trans., *Making Love in the Twelfth Century: "Letters of Two Lovers" in Context*. Philadelphia, 2016.

Origen, *The Song of Songs: Commentary and Homilies*, trans. R. P. Lawson. Westminster, MD, 1957.

Ovid, *The Art of Love*, trans. James Michie. New York, 2002.

——, *Love Poems*, in *Love Poems, Letters, and Remedies of Ovid*, trans. David R. Slavitt. Cambridge, 2011.

Paden, William D., *Love and Marriage in the Time of the Troubadours*. forthcoming.

Paston Letters and Papers of the Fifteenth Century, Pt I, ed. Norman David. Oxford, 2004.

Person, Ethel Spector, Aiban Hagelin and Peter Fonagy, eds, *On Freud's "Observations on Transference-Love."* London, 2013.

Petrarch [Francesco Petrarca], *Petrarch's Lyric Poems: The* Rime sparse *and Other Lyrics*, ed. and trans. Robert M. Durling. Cambridge, 1976.

Plato, *Laws*, trans. Trevor J. Saunders, in *Plato: Complete Works*, ed. John M. Cooper. Indianapolis, 1997

—— *Symposium*, trans. Alexander Nehamas and Paul Woodruff. Indianapolis, 1989.

Plutarch, *Advice to the Bride and Groom* and *A Consolation to His Wife*, ed. and trans. Sarah B. Pomeroy. New York, 1999.

The Poetry of the Sicilian School, ed. and trans. Frede Jensen. New York, 1986.

Porete, Marguerite, *The Mirror of Simple Souls*, trans. Ellen L. Babinsky. New York, 1993.

Proulx, Annie, *Brokeback Mountain*. New York, 1997.

Ralegh [Raleigh], Walter, *The Discovery of the Large, Rich and Beautiful Empire of Guiana* [1596]. London, 1848.

Reeder, Ellen D., *Pandora: Women in Classical Greece*. Princeton, NJ, 1995.

Richardson, Samuel, *Pamela, or Virtue Rewarded*. New York, 1958.

Roberd of Brunnè [Robert Mannyng], *Handlyng Synne with the French Treatise on Which it is Founded, Le Manuel des Pechiez*, ed. Frederick J. Furnivall. London, 1862.

Robertson, [Hannah], *The Life of Mrs. Robertson . . . A Tale of Truth as Well as of Sorrow*. Edinburgh, 1792.

Rose, Kate, *You Only Fall in Love Three Times: The Secret Search for Our Twin Flame*. New York, 2020.

Rosenwein, Barbara H., *Anger: The Conflicted History of an Emotion*. London, 2020.

———, ed., *Anger's Past: The Social Uses of an Emotion in the Middle Ages*. Ithaca, NY, 1998.

———, *Emotional Communities in the Early Middle Ages*. Ithaca, NY, 2006.

———, *Generations of Feeling: A History of Emotions, 600–1700*. Cambridge, 2016.

Rostowski, Jan, "Selected Aspects of the Neuropsychology of Love," *Acta Neuropsychologica* 7/4 (2009): 225-248.

Rotundo, E. Anthony, "Romantic Friendship: Male Intimacy and Middle-Class Youth in the Northern United States, 1800–1900," *Journal of Social History* 23 (1989): 1-25.

Rufus, Musonius, "What is the Chief End of Marriage?," in *Musonius Rufus: "The Roman Socrates*," ed. and trans. Cora E. Lutz. New Haven, CT, 1947.

Ryan, Rebecca M., "The Sex Right: A Legal History of the Marital Rape Exemption," *Law and Social Inquiry* 20 (1995): 941–1001.

Sade, Marquis de, *Philosophy in the Bedroom*, in *The Complete Marquis de Sade*, trans. Paul J. Gillette, vol. 1. Los Angeles, 1966.

———, *The Marquis de Sade: The Crimes of Love: Heroic and Tragic Tales, Preceded by an Essay on Novels*, trans. David Coward. Oxford, 2005.

Schaefer, David Lewis, ed., *Freedom over Servitude: Montaigne, La Boétie, and On Voluntary Servitude*. Westport, CT, 1998.

Segal, Erich, *Love Story*. New York, 1970.

Seymour, Mark, *Emotional Arenas: Life, Love, and Death in 1870s Italy*. Oxford, 2020.

Shelley, Mary Wollstonecraft, *Frankenstein*. 1831, globalgreyebooks.com.

Smith-Rosenberg, Carroll, "The Female World of Love and Ritual: Relations between Women in Nineteenth-Century America," *Signs* 1 (1975): 1–29.

Stehling, Thomas, *Medieval Latin Poems of Male Love and Friendship*. New York, 1984.

Stendhal, *The Life of Henry Brulard*, trans. John Sturrock. New York, 1995.

——, *Love*, trans. Gilbert Sale and Suzanne Sale. London, 2004.

——, *The Red and the Black*, ed. Susanna Lee, trans. Robert M. Adams. New York, 2008.

Stopes, Marie Carmichael, *Married Love: A New Contribution to the Solution of Sex Difficulties*. London, 1919.

Taylor, Ann, "My Mother," in Doris Mary Armitage, *The Taylors of Ongar*. Cambridge, 1939, bit.ly/36ySdTR.

Thucydides, *History of the Peloponnesian War*, trans. Rex Warner. London, 1972.

Tirso de Molina, "The Trickster of Seville and His Guest of Stone," trans. Roy Campbell, in *Life is a Dream and Other Spanish Classics*, ed. Eric Bentley. New York, 1985.

Titone, Fabrizio, ed., *Disciplined Dissent: Strategies of Non-Confrontational Protest in Europe from the Twelfth to the Early Sixteenth Century*. Rome, 2016.

Treggiari, Susan, *Roman Marriage: Iusti Coniuges from the Time of Cicero to the Time of Ulpian*. Oxford, 1991.

——, "Women in Roman Society," in Diana E. E. Kleiner and Susan B. Matheson, eds, *I Claudia: Women in Ancient Rome*. New Haven, CT, 1996.

Tribolet (?), "Us fotaires qe no fo amoros" (A fucker who was not in love), in *Troubadour Poems from the South of France*, trans. William D. Paden and Frances Freeman Paden. Cambridge, 2007.

Troubadour Poems from the South of France, trans. William D. Paden and Frances Freeman Paden. Cambridge, 2007.

Venarde, Bruce L., ed. and trans., *The Rule of Saint Benedict*. Cambridge, 2011.

Vergil, *The Aeneid*, trans. Shadi Bartsch. New York, 2021.

Waddington, Raymond B., *Aretino's Satyr: Sexuality, Satire, and Self-Projection in Sixteenth-Century Literature and Art*. Toronto, 2004.

Walther von der Vogelweide, "Can anyone tell me what love is?" (Saget mir ieman, waz ist minne?), in Marion E. Gibbs and Sidney M. Johnson, eds, *Medieval German Literature*. New York, 1997.

Williams, Craig A., *Roman Homosexuality*. 2nd edn, Oxford, 2010.

Williamson, Adrian, "The Law and Politics of Marital Rape in England, 1945–1994," *Women's History Review* 26 (2017): 382–413.

Winock, Michel, *Flaubert*, trans. Nicholas Elliott. Cambridge, 2016.

Wright, Thomas, ed., *Autobiography of Thomas Wright, of Birkenshaw, in the county of York, 1736–1797*. London, 1864.

Xenophon, *Oeconomicus: A Social and Historical Commentary*, trans. Sarah B. Pomeroy. Oxford, 1994.

Zucchino, David, and Fatima Faizi, "After Losing His Legs to a Bomb, Afghan Veteran Is on a New Journey," *New York Times*, January 26, 2020, nyti.ms/3okgbsv.

守望思想　　逐光启航

LUMINAIRE
光启

关于爱的五种幻想

[美] 芭芭拉·H.罗森宛恩　著

刘雅琼　译

丛书主编　王晴佳
责任编辑　张婧易
营销编辑　池　淼　赵宇迪
封面设计　3in

出版: 上海光启书局有限公司
地址: 上海市闵行区号景路 159 弄 C 座 2 楼 201 室　201101
发行: 上海人民出版社发行中心
印刷: 山东临沂新华印刷物流集团有限责任公司
制版: 南京展望文化发展有限公司

开本: 880mm×1240mm　　1/32
印张: 7.25　字数: 172,000　插页: 2
2025 年 7 月第 1 版　　2025 年 7 月第 1 次印刷
定价: 72.00 元
ISBN: 978-7-5452-2042-1 / C·4

图书在版编目 (CIP) 数据

关于爱的五种幻想 / (美) 芭芭拉·H.罗森宛恩著;
刘雅琼译. -- 上海: 光启书局, 2025. -- ISBN 978-7
-5452-2042-1

I. C913.1-49

中国国家版本馆 CIP 数据核字第 2025AA9312 号

本书如有印装错误, 请致电本社更换 021-53202430